NEXUS TOEFL® *i*BT

Reading

Starter

NEXUS TOEFL *i*BT Reading Starter

지은이 넥서스영어교육연구소, Kerry Williamson,
　　　Virginia Hanslien, Mary French
펴낸이 임상진
펴낸곳 (주)넥서스

출판신고 1992년 4월 3일 제311-2002-2호
10880 경기도 파주시 지목로 5
Tel (02)330-5500 Fax (02)330-5555
ISBN 978-89-6000-615-7 54740

출판사의 허락없이 내용의 일부를
인용하거나 발췌하는 것을 금합니다.

가격은 뒤표지에 있습니다.
잘못 만들어진 책은 구입처에서 바꾸어 드립니다.

www.nexusEDU.kr
NEXUS Edu는 넥서스의 초·중·고 학습물 전문 브랜드입니다.

성공적인 학습을 위한 단계별 전략!
Development & Progress for Completion

NEXUS TOEFL® iBT

정답 및 해설

Reading

Starter

NEXUS Edu

Chapter 1 Vocabulary & Reference

Sample Item   p.13

정답   1. (C)   2. (A)

해석   미국 원주민의 구전

읽고 쓰는 것은 외부인에 의해 그것이 소개될 때까지 미국 원주민에게 알려지지 않았다. 미국 원주민들은 역사와 영성을 포함한 자신들의 삶의 방식 전체를 말을 통해 전달했다.

구전은 한 부족 안에서 주의 깊게 보존되고 세대에서 세대로 전해져 내려온 과거에 대한 문화적 정보를 포함한다.

모든 사람이 원형으로 앉아 있는 가운데, 부족의 연장자들은 이 형식을 사용해서 교훈을 가르치고, 부족에게 필수적인 가치를 전달하고, 미국 원주민들이 자신들의 존재의 기원과 목적을 배우도록 도왔을 것이다.

문 1 ㅣ 첫 번째 단락의 it이 가리키는 것은?

   (A) 읽기
   (B) 말
   (C) 읽고 쓸 줄 아는 것
   (D) 쓰기

해설 ㅣ 해당 문장의 주어는 읽고 쓰는 능력으로, 외부인들이 소개해줄 때까지 미국 원주민들은 읽고 쓰는 것에 대해 알지 못했다.

문 2 ㅣ 두 번째 단락의 handed down과 의미가 가장 비슷한 것은?

   (A) 전달된
   (B) 생성된
   (C) 잘못 이끈
   (D) 물려받은

해설 ㅣ hand down은 '전하다'의 뜻이다. 구전은 과거에 대한 문화적 정보를 보존하고 다음 세대로 '전달한다'라고 뜻을 유추할 수 있다.

Exercise 1   p.14 ~ p.15

정답   1. (D)   2. (B)

해석   미국 흑인 음악

미국 흑인 문화는 음악의 풍부한 원천이다. 미국 흑인 문화는 블루스, 재즈, 가스펠(복음성가)이라는 대단히 영향력 있는 세 가지 음악 스타일을 만들어냈다.

블루스는 노예제도 이후 아프리칸 사회 속에서 챈트(성가), 샤우트(외침), 영가(靈歌)와 같은 다양한 원천으로부터 발달했다. 아프리카와 서구 음악 스타일의 결합인 재즈는 후에 발달했다. 가스펠은 종교 음악으로 미국의 흑인 교회 안에서 발달했다. 그것은 단순히 음악의 한 형태가 아니라, 예나 지금이나 예배 의식에 없어서는 안 될 부분이다.

레이 찰스, 루이 암스트롱, 마할리아 잭슨과 같은 가수들이 이러한 음악 양식에 깊은 영향을 미쳤다. 레이 찰스는 리듬앤블루스의 소리를 근본적으로 다듬는 작업을 도왔다. 루이 암스트롱은 아마도 20세기의 가장 유명한 재즈 음악가이고, 스캣을 대중화했다. 마할리아 잭슨은 세계 최고의 가스펠 가수 중 한 명으로 꼽혔다.

문 1 ㅣ 두 번째 단락의 evolved와 의미가 가장 비슷한 것은?

   (A) 퍼졌다
   (B) 증가했다
   (C) 발생했다
   (D) 발달했다

해설 ㅣ evolve는 '발달하다', '진화하다'의 뜻이다. 블루스의 원천이 챈가, 외침, 영가 등이라는 내용과, jazz와 gospel과 연관해 나오는 developed라는 어휘에서 뜻을 유추할 수 있다.

문 2 ㅣ 두 번째 단락의 it이 가리키는 것은?

   (A) 음악
   (B) 가스펠
   (C) 아프리카인
   (D) 재즈

해설 ㅣ 미국 흑인 문화가 만들어 낸 세 가지 스타일의 음악 중에서 예배 의식에 반드시 있어야 했고, 지금도 그런 음악은 가스펠이다.

TEXT MAP

(1) chants   (4) Western
(2) spirituals   (5) Gospel
(3) African   (6) Ray Charles

Vocabulary&Composition

A   1. c   2. d   3. a

   1. 절대 필요한, 없어서는 안 될   a. 마음에 드는
      b. 인기 있는   c. 필수적인   d. 중요한
   2. 결합   a. 그릇   b. 기록   c. 수집(물)   d. 혼합
   3. 근본적으로   a. 근본적으로   b. 명확히
      c. 정신적으로   d. 확실히

B   1. Modern stores are able to <u>offer a wide variety of fruit</u>.

2. Irving Brokaw popularized figure skating in the US.
3. He is one of the most influential figures in the govenment.

Exercise 2
p.16 ~ p.17

정답 1. (D)   2. (C)   3. (B)

해석   여성 참정권 쟁취 운동

'참정권'이란 단어의 정의는 투표할 권리이다. 그러므로, '여성 참정권'의 주요 목적은 여성이 투표할 권리를 획득하는 것이었다. 1800년대 초, 미국에서의 사회 정세 변화가 이 운동을 탄생시켰다. 예를 들어, 여성들이 더 많은 교육을 받기 시작했고, 정부 개혁에 활발히 활동했다. 그 결과, 여성들은 왜 자신들이 투표할 수 없는지에 대해 의문을 제기하기 시작했다.

1700년대 중반, 지도자 위치에 있던 많은 남성들은 모든 시민이 정치에 참여해야 한다고 생각하기 시작했다. 그러나, 100년 이상 소요된 정치 투쟁을 겪고 난 1920년에야 비로소 19차 헌법 개정안이 통과되었다. 이 개정안은, 사람의 성(性)이 투표할 권리를 부정하는 어떤 이유로도 결코 사용될 수 없다고 명시하여 여성의 투표권을 보호했다.

문 1 | 첫 번째 단락의 obtaining과 의미가 가장 비슷한 것은?
(A) 제공하는
(B) 제거하는
(C) 판매하는
(D) 얻는

해설 | obtain은 '얻다', '획득하다'의 뜻이다. 문맥상 여성 참정권이 여성들에게 투표할 권리를 '얻게 해주는 것'이라고 뜻을 유추할 수 있다.

문 2 | 두 번째 단락의 involved in과 의미가 가장 가까운 것은?
(A) 일하다
(B) 청취하다
(C) 참여하다
(D) 숨다

해설 | involve in은 '참가시키다', '관련시키다'의 뜻이다. 오랫동안 정치 참여에 소외되었던 여성이 정치에 참여하게 되는 과정을 서술하고 있는 것으로 미루어 뜻을 짐작할 수 있다.

문 3 | 두 번째 단락의 them이 가리키는 것은?
(A) 지도자들
(B) 여성들
(C) 남성들
(D) 위원회

해설 | 19차 헌법 개정안은 그 동안 여성이란 이유로 투표할 권리를 박탈당했던 여성에게 투표권을 보장해주는 법안이다. 따라서 them은 여성을 가리킨다는 것을 알 수 있다.

TEXT MAP
(1) the right to vote   (2) their sex

Vocabulary&Composition
A 1. b 2. c 3. c
1. 정의   a. 거절   b. 의미   c. 증거   d. 개요
2. 보호하다 a. 위태롭게 하다   b. 연결하다
   c. 지키다   d. 투자하다
3. 거절하다 a. 말하다   b. 주다   c. 거절하다
   d. 숨기다

B 1. She married an American and became a U.S. citizen.
2. Political stability is very important in a country.
3. I did not vote for that man but he was elected.

Exercise 3
p.18 ~ p.19

정답 1. (C)   2. (A)

해석   미국의 산업 – 패스트푸드

미국은 자국의 패스트푸드 문화를 전 세계로 수출했다. 패스트푸드는 산업이 성장하기에 이상적인 시기였던 2차 세계대전 직후, 미국에서 엄청나게 발달하기 시작했다. 당시 미국의 경제는 회생하려 몸부림치고 있었고, 사람들은 일하는 데 더 많은 시간을 쏟기 위해 값싸고, 빠르고, 간편한 식사를 찾고 있었다.

비록 패스트푸드가 빠르고 간편하기는 하지만, 그것에 포함되어 있는 지방이나 설탕, 화학물질이 많은 건강 문제를 일으킬 수 있기 때문에 사실 싸다고는 볼 수 없다. 전통적인 음식과 비교해볼 때, 건강 관련 비용의 증가를 인식한다면 진정으로 비용을 절약하는 것은 아니다.

건강뿐만 아니라 사회 구조도 고통을 겪었다. 많은 자작농과 푸주한들이 더 큰 회사로 대체되었다. 이로 인해 지역 사회는 결합력을 잃게 되었고, 더 이상 개개인이 연결된 네

트워크가 아니라 비인격적인 커다란 사업체가 되었다. 패스트푸드에 의해 유발된 문제는 이제 거의 모든 나라에 영향을 미치는 국제적인 문제이다.

문 1 | 두 번째 단락의 it이 가리키는 것은?

(A) 디저트
(B) 지방
(C) 패스트푸드
(D) 식사

해설 | 빠르고 손쉽기는 하지만 지방, 설탕, 화학물질을 많이 함유하고 있어 비만의 원인이 되는 것은 패스트푸드이다.

문 2 | 세 번째 단락의 cohesive와 의미가 가장 비슷한 것은?

(A) 결부되어 있는
(B) 발달한
(C) 성공적인
(D) 단호한

해설 | cohesive는 '밀착하는', '응집한'의 뜻이다. 자작농이나 푸주한들이 큰 회사들로 대체되면서, 지역사회는 개인이 연결된 네트워크가 아닌 비개인적인 커다란 사업체가 되었다는 내용에서 뜻을 유추할 수 있다.

TEXT MAP

(1) America   (3) communities
(2) chemicals   (4) cohesive

Vocabulary&Composition

A 1. a 2. c 3. b

1. 참된 a. 진짜의 b. 안전한 c. 새로운
   d. 가짜의
2. 분투하다 a. 잡아당기다 b. 밀다
   c. 몸부림치다 d. 시도하다
3. 자기 힘으로 살아가는 a. 자기 일에 몰두한
   b. 자립의 c. 혼자의 d. 알려지지 않은

B 1. We can replace broken teeth with false ones.
   2. The elderly suffer a lot in winter because it is too cold to bear.
   3. My company has exported ginseng to other countries.

Speed Reading 1   p.20 ~ p.21

B 1. (B) 2. (A)

Text Organization

P1 : Hopitu
P2 : an act of faith | corn
P3 : agriculture | government
P4 : Kachina dolls

Practice 1   p.22 ~ p.23

정답 1. ⒟ 2. ⒞ 3. ⒝ 4. ⒞ 5. ⒟

해석   호피 인디언

호피 인디언은 '평화스러운 사람'이라는 뜻을 가진 'Hopitu'라는 단어에서 이름이 유래된 미국 원주민 부족이다. 그들의 조상은 'The Anasazi'로 멕시코의 아즈텍과 관련이 있다고 믿어진다. 그들은 기원전 1000년 이전에 남서부로 이주했다.

농업은 호피 인디언의 영적인 삶과 밀접하게 연관되어 있었다. 예를 들어, 종교적 의식과 의식적인 행사는 그들이 재배하는 옥수수를 바탕으로 했다. 그것은 그들이 섬기는 많은 신들로부터의 선물로 여겨졌다. 농업이 믿음의 행위로 간주되었던 것이다.

또한 호피 인디언은 여러 다른 Kachina들의 존재를 믿었다. 이들은 비를 내리고 곡물의 성장을 돕는 강력한 정령이었다. Kachina 정령은 농업과 법, 정치에 대한 지혜를 제공함으로써 호피 인디언을 돕는다고도 생각되었다.

아이들에게 여러 다른 Kachina들에 대해 가르치고, 부족 의식에서의 그들의 역할에 대해 가르치기 위해, 호피 인디언들은 Kachina 인형을 만들었다. Kachina 인형은 나무를 새겨 만들어졌고, 너무나 정교하게 가면을 쓰고 복장을 입어, 마치 Kachina 정령처럼 옷을 입은 어른의 모습과 흡사했다.

문 1 | 첫 번째 단락의 migrated와 의미가 가장 비슷한 것은?

Ⓐ 되돌아왔다
Ⓑ 퍼졌다
Ⓒ 뛰었다
Ⓓ 이동했다

해설 | migrate는 '이주했다'는 뜻이다. 문맥상 멕시코의 아즈텍과 관련이 있다고 여겨지는 조상들이 멕시코에서 남서부로 '이주했을' 것이라고 유추할 수 있다.

문 2 | 두 번째 단락의 it이 가리키는 것은?
  Ⓐ 삶
  Ⓑ 농업
  Ⓒ 옥수수
  Ⓓ 의식

해설 | 자신들이 섬기는 신들로부터 받은 선물이라 여기며 호피 인디언들의 종교적 의식의 바탕이 되는 것은 옥수수이다.

문 3 | 두 번째 단락에 따르면, 옥수수가 호피 인디언에게 중요했던 이유는 무엇인가?
  Ⓐ 건강을 위해 중요했다.
  Ⓑ 신들에게서 온 것이었다.
  Ⓒ 팔 생산품이었다.
  Ⓓ 그들의 식량이었다.

해설 | 호피 인디언들은 옥수수를 자신들의 종교 의식과 의식적 행사의 기반으로 여겼고, 옥수수를 신들에게서 받은 선물이라 생각했다.

문 4 | 네 번째 단락의 their가 가리키는 것은?
  Ⓐ 인형
  Ⓑ 아이들
  Ⓒ Kachinas
  Ⓓ 호피족

해설 | their 앞에 kachinas가 나온다. 호피 인디언들은 Kachina 인형을 만들어서 여러 다른 Kachina들에 대해 가르쳤고 부족이 거행하는 의식에서의 그것들의 역할을 가르쳤다.

문 5 | 네 번째 단락의 detailed와 의미가 가장 비슷한 것은?
  Ⓐ 추운
  Ⓑ 노출된
  Ⓒ 감춰진
  Ⓓ 잘 만들어진

해설 | detailed는 '상세한'이라는 뜻이다. Kachina 인형은 가면을 쓰고 복장을 갖춰 입는 등 매우 정교하게 만들어졌다는 내용에서 뜻을 유추할 수 있다.

Speed Reading 2   p.24 ~ p.25

B   1. (C)   2. (B)

Text Organization
P1 : the voice of the common people
P2 : positive | negative
P3 : good | evil | all levels of society

Practice 2   p.26 ~ p.27

정답   1. Ⓒ   2. Ⓑ   3. Ⓐ   4. Ⓓ   5. Ⓒ

해석   칼 샌드버그

유명한 미국인 시인은 많지만 칼 샌드버그와 같은 시인은 거의 없었다. 사람들은 그를 보통 사람들의 목소리라고 말했다. 샌드버그는 자신의 영감 대부분을 보통 사람으로부터 얻었다. 자유롭고 명확한 형식의 글을 통해 그는 그들의 이상을 나타냈다.

시카고 시(市)는 샌드버그에게 위대한 영감을 주었던 또 하나의 원천이었다. 예를 들어, 시 '시카고'는 노동계급을 찬양한다. 샌드버그는 이해하기 쉬운 언어를 사용해서 대중을 위해 글을 썼다. 그는 애매한 신화적이고 종교적인 언급을 피하면서 보통 사람들이 말하는 것처럼 글을 썼다. 이 시에서, 그는 시카고 사람들에 대한 긍정적인 점과 부정적인 점, 그들의 일과 삶을 묘사한다. 그는 긍정적인 점이 부정적인 점을 훨씬 능가한다고 시종일관 주장한다.

샌드버그는 평범한 사람들에 대한 자신의 커다란 사랑을 지속적으로 증명했다. 그는 그들을 이상화하지 않고, 균형 잡힌 견해를 가졌다. 그는 사회의 모든 계층에 선과 악이 존재한다는 점을 관찰했고 그렇게 관찰한 것을 자신의 시와 다른 글들을 통해 분명하게 표현했다.

문 1 | 첫 번째 단락의 their가 가리키는 것은?
  Ⓐ 미국인 시인들
  Ⓑ 자유로운 양식의 글들
  Ⓒ 보통 사람들
  Ⓓ 영감의 원천

해설 | 샌드버그는 '보통 사람들'에게서 영감을 받아 그들에 관한 것을 썼다.

문 2 | 두 번째 단락의 obscure와 의미가 가장 비슷한 것은?
  Ⓐ 생생한
  Ⓑ 분명하지 않은
  Ⓒ 고요한
  Ⓓ 부적절한

해설 | obscure는 '애매한', '모호한'의 뜻이다. 쉽게 이해할 수 있는 언어로 글을 썼다는 내용이 나오는데, 반대로 흔히 신화적이고 종교적인 언급은 의미가 분명하지 않다는 것을 생각하면 뜻을 유추할 수 있다.

문 3 | 두 번째 단락의 their가 가리키는 것은?
  Ⓐ 시카고 사람들
  Ⓑ 보통 사람들
  Ⓒ 대중들
  Ⓓ 종교적 언급

해설 | 시카고 시(市)는 샌드버그에게 영감을 준 또 하나의 원천으로, '시카고'는 시카고 사람들의 삶과 그들의 긍정적이고 부정적인 면을 모두 묘사한 시이다. 따라서 Their는 시카고 사람들을 가리킨다.

문 4 | 세 번째 단락의 communicated와 의미가 가장 비슷한 것은?
Ⓐ 얻었다
Ⓑ 잊었다
Ⓒ 지지했다
Ⓓ 표현했다

해설 | communicate는 '전달하다', '의사소통하다'는 뜻이다. 뒤에 나오는 through his poetry and other writings 을 통해, 자신이 관찰한 것을 '표현했다'는 뜻임을 알 수 있다.

문 5 | 칼 샌드버그의 가장 위대한 영감의 원천은 무엇인가?
Ⓐ 시카고 시(市)
Ⓑ 시카고 교회
Ⓒ 보통 사람들
Ⓓ 선과 악의 힘

해설 | 첫 번째 단락에서 샌드버그가 영감의 대부분을 보통 사람에게서 얻었다는 내용으로 미루어, 그의 가장 위대한 영감의 원천은 보통 사람임을 알 수 있다.

Vocabulary Test
p.28

A 1. 읽고 쓸 줄 앎 2. 필수적인 3. 없어서는 안 될 4. 근본적으로 5. 시민 6. 수출하다 7. 비인격적인 8. 피하다 9. 깊은, 심오한 10. 농업

B 1. preserve 2. well known 3. migrate 4. Prior to 5. idealize

C 1. (c) 2. (b) 3. (d) 4. (a) 5. (d)

B 빈 칸에 들어갈 알맞은 말을 골라, 필요하면 고쳐 쓰시오.
1. 얼음과 소금은 모두 고기를 보존하는 데 사용될 수 있다.
2. 찰스는 팬더에 관한 그의 훌륭한 책으로 잘 알려져 있다.
3. 겨울마다 많은 새들이 남쪽으로 이동한다.
4. 시험 전에 공부하는 것은 좋은 생각이다.
5. 많은 사람들이 영화배우들(스타들)을 이상화하고 싶어한다.

C 밑줄 친 어휘나 구와 가장 유사한 의미를 지닌 것을 고르시오.
1. 몇몇 나라에서, 전체 열대 우림은 농사를 짓기 위해 잘라져 나갔다.
(a) 야생의
(b) 넓은
(c) 전부의
(d) 피곤한

2. 수퍼 히어로는 보통 그들의 복장으로 확인된다.
(a) 힘
(b) 의복
(c) 행동
(d) 목적

3. 모든 화가들은 영감의 원천을 필요로 한다.
(a) 훈련
(b) 돈
(c) 지지
(d) 영향

4. 그녀의 조상은 이백 년 전에 미국에 왔다.
(a) 선조
(b) 후손
(c) 동료
(d) 감독

5. 내세에 대한 믿음은, 증거가 없기 때문에 오직 신앙에만 근거할 수 있다.
(a) 거절당하는
(b) 보호 받는
(c) 발전하는
(d) 근거를 두는

Chapter 2. Details

Sample Item
p.31

정답 1. (D)

해설   그리스 건축

고대 그리스인들은 건물이 제대로 균형 잡혀 보이는 것을 좋아했고, 웅장한 인상을 주기 위해 기둥을 사용했다. 그리스 건축은 세 가지 다른 양식의 기둥을 사용했다. 그것들은 도리아 양식, 이오니아 양식, 코린트 양식이다. 오늘날 우리는 현대 건물에서 여전히 그리스 건축 양식의 예를 볼 수 있다. 오늘날 많은 건물들은 그리스 형식의 기둥을 사용하고 있다. 입구로 이어지는 지지주와 상인방 기둥을 갖춘 백악관이 좋은 예이다. 고전적인 모습의 많은 집과 심지어 몇몇 현대적인 집들도 종종 그리스 양식의 기둥을 사용해서 건물에 웅장하고 역사적인 느낌을 준다.

문 1 | 일부 현대 건물이 그리스 기둥을 사용하는 이유는 무엇인가?
(A) 그리스 사람들에게 감명을 주려고
(B) 입구의 균형을 맞추려고
(C) 백악관처럼 보이게 하려고
(D) 웅장한 느낌을 더하려고

해설 | 마지막 문장을 보면 건물에 그리스 건축 양식을 사용하는 이유는 건물에 웅장하고 역사적인 느낌을 주기 위해서 이다.

Exercise 1   p.32 ~ p.33

정답   1. (C)   2. (D)

해석   고대 이집트인의 결혼

고대 이집트 여성들은 당시 대부분의 여성보다 더 많은 권리를 누렸다. 한 가지 이유는, 결혼이 종교적 기반이 아닌 상업적 기반에 바탕을 두었기 때문이었다. 여성들은 결혼 계약서가 아니라 토지 계약서에 서명했다.

여성들은 토지를 취급했고, 소송을 처리했으며, 교육을 받을 수 있었다. 그들은 많은 자유를 누렸다. 가정을 책임져야 했지만 그럼에도 밖에서 일을 찾을 수 있었다. 의사가 되기 위해 전문 학교에 다닌 여성들도 있었고, 음악가로 일한 여성들도 있었고, 집에서 사업을 운영한 여성들도 있었다.

따라서 비록 고대 이집트 여성들이 남성과 동등한 존재로 여겨지지는 않았지만, 당시의 다른 많은 여성들보다는 더욱 형편이 좋았다. 부를 늘리고 땅을 소유할 수 있는 그들의 능력으로 인해 친척들간의 결혼이 많이 성사되었다. 이것은 가족들이 재산을 잃지 않게 하기 위한 것이었다.

문 1 | 다음 중 이집트 여성이 할 수 있었던 일로 언급되지 않은 것은?

(A) 땅을 사고 팔기
(B) 바깥일 하기
(C) 다른 여성들을 가르치기
(D) 직업교육을 받기

해설 | 고대 이집트 여성들은 토지를 취급할 수 있었고, 소송을 처리했고, 교육을 받았고, 밖에서 일을 하고, 집에서 자기 사업을 할 수 있었지만, 다른 여자들을 가르쳤다는 내용은 언급되지 않았다.

문 2 | 친척들끼리의 결혼이 많았던 이유는 무엇인가?

(A) 여성들을 더욱 부유하게 만들려고
(B) 남성과 여성을 동등하게 유지하려고
(C) 여성들이 자기 가정을 보호할 수 있도록 도우려고
(D) 돈과 토지를 가족 내에서 유지하려고

해설 | 마지막 문단을 보면, 친척들간의 결혼이 많이 이루어진 것은 여자들의 재산을 가족내에서 계속 유지하기 위해서였다.

TEXT MAP
(1) Commercial   (3) freedom
(2) property   (4) assets

Vocabulary&Composition

A   1. b   2. c   3. d
  1. 토지   a. 사업   b. 토지   c. 방   d. 도시
  2. 찾다   a. 얻다   b. 발달시키다   c. 찾다   d. 유지하다
  3. 동등한   a. 유용한   b. 안전한   c. 훌륭한   d. 동일한

B   1. True wealth is being healthy and happy.
  2. Sport became very commercial in the 20th Century.
  3. Professional photographers spend a lot of money on equipment.

Exercise 2   p.34 ~ p.35

정답   1. (B)   2. (C)

해석   샤머니즘

샤머니즘은 하나의 종교로, 눈에 보이는 세계에 영향을 미치는 눈에 보이지 않는 영적인 힘이 존재한다고 가르친다. 샤머니즘을 행하는 사람들을 샤먼(무당)이라 부른다. 그들은 자기 부족을 돕기 위해 다양한 의식을 수행한다.

몇몇 인류학자에 따르면, 무당이란 자연계와 영적인 영역 사이를 이동할 수 있는 사람이다. 무당은 이 두 세계의 연결고리이다.

무당이 하는 이런 여행의 목적은 다양하다. 영적인 영역에 있을 때, 무당들은 치유, 사냥, 복수, 심지어 날씨를 조절하는 일 등을 도와달라고 영혼에게 요청한다. 무당이 하는 여행으로 인해 무당은 영적인 관점에서 삶과 인생의 문제를 볼 수 있게 되는데, 이는 물질 세계에 있을 때는 쉽게 되지 않는 것이다.

문 1 | 두 번째 단락에서 일부 인류학자는 무당을 어떻게 정의하는가?

(A) 영적인 세계에서 온 전령이다.
(B) 물질 세계와 영적인 세계 사이를 여행하는 사람이다.
(C) 영혼을 시켜 물질 세계의 일을 처리하게 할 수 있는 사람이다.
(D) 물질적 위치가 아닌 영적인 위치에서 삶을 보는 사람이다.

해설 | 일부 인류학자의 견해에 따르면 무당은 자연계와 영적인 영역 사이를 이동하는 사람이다.

문 2 | 무당이 할 수 없는 일은 무엇인가?
(A) 영혼의 세계에서 시간 보내기
(B) 영혼에게 부족의 필요에 대해 말하기
(C) 죽은 사람들을 되살아나게 하기
(D) 문제에 대해 다르게 이해하기

해설 | 무당은 영적인 영역에 가서 부족을 돕기 위해 영혼에게 여러 가지 일을 도와 달라고 하고, 영적인 관점에서 삶과 인생의 문제를 본다는 내용이 나온다.

TEXT MAP
(1) the natural world (3) healing
(2) spirit realm (4) hunting
(5) controlling the weather

Vocabulary&Composition

A 1. d 2. b 3. b
1. 눈에 안 보이는 a. 예언(예상)할 수 있는
   b. 분별 있는 c. 작은 d. 보이지 않는
2. 영역 a. 공간 b. 영역 c. 둑 d. 나라
3. 다양한 a. 선택된 b. 다양한 c. 완벽한
   d. 수집된

B 1. Parents can positively affect their child's education by showing interest.
2. The purpose of dieting is to lose weight.
3. As people grow older, their perspective on life changes.

Exercise 3   p.36 ~ p.37
정답 1. (B) 2. (C)

해석 고대 이집트와 고대 로마의 패션

고대 이집트와 로마의 패션은 특히 화장품, 가발, 신발에서 매우 비슷하다. 아이섀도우나 입술 파우더, 창백한 안색을 가리기 위한 가루 초크와 같은 화장품은 두 문화에서 모두 인기가 있었다. 두 문화 모두 머리를 염색했고, 손톱에 칠을 했고, 향수를 사용했으며, 목걸이와 반지 같은 악세사리를 좋아했다.

그들은 가발 쓰기를 좋아했던 것 같다. 두 문화에서 남성과 여성은 이 목적(가발을 쓰는 것)을 위해 삭발하거나 머리카락을 짧게 유지했다. 가발의 색깔과 길이와 스타일은 광범위했다. 신발 또한 중요한 패션 아이템이었다. 두 문화 모두 신발을 가죽으로 만들었고 신발을 장식하는 경우가 많았다.

그러나 비슷한 점이 많이 있기는 했지만, 최소한 한 가지 명백한 차이가 있었다. 바로 매장 의복이었다. 중요한 위치에 있던 이집트인들은 부와 사회적인 지위를 나타내는 정교한 복장을 입고, 왕관을 쓴 상태로 매장되었다. 이에 비하면, 로마 황제는 부를 나타내는 그 어떠한 아이템도 지니지 않은 채 매장되었다.

문 1 | 로마인과 이집트인이 머리를 삭발한 이유는 무엇인가?
(A) 가짜 머리카락을 만들려고
(B) 가짜 머리카락을 쓰려고
(C) 머리를 청결하게 유지하려고
(D) 머리를 시원하게 유지하려고

해설 | 가발을 쓰기 위해 머리를 삭발하거나 머리카락을 짧게 유지했다는 내용이 나와 있다.

문 2 | 두 문화 사이에 비슷하지 않았던 것은 무엇인가?
(A) 얼굴에 무엇을 발랐는지
(B) 머리에 무엇을 했는지
(C) 죽은 사람에게 어떤 것을 했는지
(D) 신발을 무엇으로 만들었는지

해설 | 첫 번째와 두 번째 단락을 보면 두 문화는 화장품과 가발, 신발이라는 패션 아이템을 사용한 것에서는 비슷했지만, 매장 의복에 관련해서는 달랐음을 마지막 단락에서 알 수 있다.

TEXT MAP
(1) cosmetics (3) burial clothing
(2) footwear (4) wealth

Vocabulary&Composition

A 1. d 2. c 3. a
1. 인기 있는 a. 비싼 b. 준비가 되어 있는
   c. 예쁜 d. 인기 있는
2. 명확한, 뚜렷한 a. 좋은 b. 깊은 c. 분명한
   d. 큰
3. 정교한 a. 상세한 b. 우아한 c. 더러운
   d. 미끄러운

B 1. Some people will pay for companies to decorate their Christmas trees.
2. She dyed a white dress pink.
3. Some cultures determine a person's status by his job.

Speed Reading 1   p.38 ~ p.39

B   1. (A)   2. (C)

Text Organization

P1 : without words | good | evil
P2 : Cross | God's love | swastika
P3 : swastika | Nazis
P4 : Pentagram | Jews | physical desires

Practice 1   p.40 ~ p.41

정답 1. ⓓ 2. ⓓ 3. ⓑ 4. ⓒ 5. ⓓ

해석   고대의 종교적인 상징들과 오늘날의 관련성

　상징은 다른 의미를 가질 수 있다. 그러나 모든 상징은 단어를 사용하지 않고 생각을 표현한다는 공통점이 있다. 사람들은 주로 선(善)을 표현하려고 상징을 만들었지만, 일부 문화에서는 악을 상징하는 것이 되었다.
　십자가는 기독교인들에게는 신의 사랑을 나타내는 강력한 상징이다. 다른 형태의 십자가도 있다. 만(卍)자는 십자가이다. 이는 불교도에게는 여전히 선을 표현하지만, 다른 사람들에게는 악의 상징이 되었다.
　2차 세계대전 동안 히틀러는 만(卍)자 상징을 채택해서 나치운동을 알리기 위해서 사용했다.(※만(卍)자가 상징하는 선과 나치운동의 의미를 동일시하기 위해 만(卍)자를 채택했다-의역) 만(卍)자는 깃발과 완장, 모자와 다른 물품에 새겨졌다. 이 상징은 나치에 의해 자행된 악한 행위를 연상시켰다. 이 때문에 만(卍)자는 강력한 악의 상징이 되었다.
　악으로의 이러한 변화는 팬타그램(별꼴 오각형)에서도 볼 수 있다. 유대인은 이를 율법을 상징하기 위해 사용한다. 그러나 악마 숭배자들은 육체적 욕망에 복종하는 영혼을 상징하기 위해 그것을 사용한다. 책과 영화 같은 대중 매체가 악마 숭배자들을 보여줄 때 팬타그램의 이미지를 자주 사용한다. 그 결과, 현재 많은 사람들은 그 이미지를 보면 선보다는 악을 연상한다.

문 1 ┃ 첫 번째 단락에 따르면, 모든 상징의 공통점은 무엇인가?
　　Ⓐ 그것들은 선과 악을 묘사한다.
　　Ⓑ 그것들은 정보를 구두로 전달한다.
　　Ⓒ 그것들은 종교적인 의미를 표현한다.
　　Ⓓ 그것들은 단어를 사용하지 않고 정보를 표현한다.
해설 ┃ 첫 번째 단락에 따르면, 모든 상징은 단어를 사용하지 않고 생각을 표현한다는 공통점을 가진다.

문 2 ┃ 세 번째 단락의 It이 가리키는 것은?
　　Ⓐ 아이템(항목)
　　Ⓑ 깃발
　　Ⓒ 나치
　　Ⓓ 만(卍)자
해설 ┃ 해당 단락은 십자가의 다른 형태인 만(卍)자가 왜 악한 상징이 되었는지를 구체적인 예를 들어 설명하고 있다. It은 swastika를 가리킨다.

문 3 ┃ 네 번째 단락의 transition과 의미가 가장 비슷한 것은?
　　Ⓐ 상상
　　Ⓑ 전환
　　Ⓒ 연결
　　Ⓓ 결정
해설 ┃ 해당 단락에서는 선한 상징이었다가 악한 상징이 된 것으로 팬타그램을 예로 들고 있다. 따라서 transition이 선에서 악으로의 '전환'을 뜻하는 것임을 유추할 수 있다.

문 4 ┃ 네 번째 단락에서 악마 숭배자들이 팬타그램을 통해 상징하는 것은 무엇인가?
　　Ⓐ 사람들은 선하기 보다 악하다.
　　Ⓑ 사람들은 육체적이라기 보다 영적이다.
　　Ⓒ 사람들은 육체의 통제를 받는다.
　　Ⓓ 사람들은 매우 강하고 긍정적이다.
해설 ┃ 악마 숭배자들이 팬타그램을 통해 상징화한 것은 육체의 욕망에 굴복하는 영혼이다.

문 5 ┃ 본문에 따르면, 긍정적인 의미로 상징을 사용하지 않은 사람은?
　　Ⓐ 기독교인
　　Ⓑ 불교신자
　　Ⓒ 유대인
　　Ⓓ 악마 숭배자
해설 ┃ 기독교인의 십자가는 신의 사랑을 나타내고, 불교도의 만(卍)자는 선을 나타내고, 유대인의 팬타그램은 율법을 나타내지만, 악마 숭배자의 팬타그램은 육체적 욕망에 복종하는 영혼을 상징한다. 사람들이 팬타그램을 악한 것으로 연관지어 생각한다는 마지막 문장에서 답을 알 수 있다.

Speed Reading 2
p.42 ~ p.43

B   1. (C)   2. (A)

Text Organization

P2 : Wake | premature burial
P3 : Embalming
P4 : society's changes | land

Practice 2
p.44 ~ p.45

정답   1. ⓒ   2. Ⓐ   3. ⓒ   4. Ⓑ   5. Ⓓ

해석   장례식 전통

역사를 통틀어, 장례식 전통은 매우 다양했다. 그러나 모두 한 가지 공통점이 있었다. 즉, 사망한 사람에 대한 존중이 그것이다. 죽은 사람에 대한 특별한 의식은 언제나 존재한 것 같다. 17세기 유럽에서 죽음은 집안 일이었다. 그들은 시체를 씻고, 옷을 입히고, 입관 준비를 한 뒤, 무덤을 파고, (장례) 의식을 거행하고, 시체를 묻었다. 이런 유럽의 전통은 현대의 미국 장례 산업의 토대이다.

시체를 보존하기 위해 화학물질을 사용해서 방부 처리를 하기 전에는, 산 채로 사람을 매장하는 일이 종종 발생했다. 조급한 매장을 피하기 위해 가족들은 며칠 동안 시체 옆에 앉아 생명이 남아 있는 표시가 있는지 관찰했다. 이것은 wake(철야)로 알려지게 되었다. 시체를 방부 처리하는 것은 남북 전쟁에 이르러서야 널리 행해졌다.

남북 전쟁 동안, 토마스 홈즈는 군인들 시체를 방부 처리할 권리를 획득했다. 그의 밑에서 일하던 영업자들은 군인의 가족들에게 쿠폰을 팔았다. 홈즈의 직원들은 전쟁터를 뒤져 쿠폰을 소지한 시체를 찾아, 방부 처리해서, 매장할 수 있게끔 가족이 있는 고향으로 수송하곤 했다.

장례 산업은 사회가 변화하고 땅이 부족해지면서 계속 발달하고 있다. 방부 처리에 더해, 화장(시체를 태우는 것)과 냉동하는 것, 심지어 유골을 우주로 보내는 것이 일반화되었다.

문 1 | 첫 번째 단락의 the deceased와 의미가 가장 비슷한 것은?
Ⓐ 실종된 사람들
Ⓑ 불참한 사람들
ⓒ 죽은 사람들
Ⓓ 숨겨진 사람들

해설 | deceased는 '죽은'의 뜻으로 the deceased는 '죽은 사람들'이란 의미이다. funeral, the dead, death, corpses, graves 등을 통해 뜻을 유추할 수 있다.

문 2 | 첫 번째 단락의 정보에 따르면, 17세기 유럽인들이 하지 않은 것은?
Ⓐ 사망한 친척을 화장했다.
Ⓑ 매장 의식을 거행했다.
ⓒ 시체를 깨끗이 하고 옷을 입혔다.
Ⓓ 시체를 입관할 준비를 하고 무덤을 팠다.

해설 | 과거 유럽인들은 주로 시신을 매장했다. 화장은 세월이 지나 장례 산업이 변화를 겪으면서 생겨났다.

문 3 | 두 번째 단락에 따르면, wake(철야)란 무엇인가?
Ⓐ 매장하기 위해 사람들을 준비하는 것
Ⓑ 시체를 보존하기 위해 화학물질을 사용하는 것
ⓒ 사람들이 죽었다는 사실을 확인하는 것
Ⓓ 죽은 사람의 시체를 화장하는 것

해설 | wake는 사람을 산 채로 매장하는 일을 방지하기 위해서 가족들이 며칠 동안 시체 옆에 앉아 정말 사망했는지 확인하는 절차이다.

문 4 | 세 번째 단락의 them이 가리키는 것은?
Ⓐ 영업직원들
Ⓑ 군인들의 시체
ⓒ 홈즈의 쿠폰
Ⓓ 군인들의 가족

해설 | 해당 단락은 남북 전쟁 동안 전쟁터에서 사망한 군인의 시체를 찾아 방부 처리해서 고향의 가족에게 보내기까지의 과정을 설명한다. 여기서 방부 처리하는 것은 죽은 '군인의 몸'이다.

문 5 | 세 번째 단락에 따르면, 가족들이 쿠폰을 산 이유는?
Ⓐ 그래야 집안 사람이 군인이 될 수 있었다.
Ⓑ 그래야 집안 사람이 식량을 얻을 수 있었다.
ⓒ 그래야 집안 사람이 죽지 않을 것이었다.
Ⓓ 그래야 집안 사람이 방부 처리될 것이었다.

해설 | 쿠폰을 가진 군인들은 죽었을 때 방부 처리되어 장례를 치르기 위해 고향으로 보내졌기 때문에 가족들은 쿠폰을 샀다.

Vocabulary Test
p.46

A   1. 건축, 건축양식   2. 상업적인, 영리적인
3. 재산, 자산   4. 관점, 견해   5. 명확한, 뚜렷한
6. 얼리다   7. 다양한   8. 장례식   9. 안색
10. 정교한

B   1. adopt   2. symbolize   3. have, in common
4. grave   5. respect

C   1. (d)   2. (b)   3. (a)   4. (c)   5. (d)

B 빈 칸에 들어갈 알맞은 말을 골라, 필요하면 고쳐 쓰시오.
1. 그녀는 그 문제에 더 과격한 접근방법을 <u>채택하기로</u> 결정했다.
2. 많은 사람들은 성스러움을 <u>상징하기</u> 위해 흰색을 사용한다.
3. 배우들은 모두, 관객을 필요로 한다는 한 가지 <u>공통점이</u> 있다.
4. 그들은 어머니의 <u>무덤을</u> 일년에 두 번씩 찾아가곤 했다.
5. 나는 결코 꿈을 포기하지 않는 사람들에 대해 엄청난 <u>존중/존경심을</u> 갖는다.

C 밑줄 친 어휘나 구와 가장 유사한 의미를 지닌 것을 고르시오.
1. 남 아메리카에는 세계에서 가장 <u>장엄한</u> 산맥 가운데 일부가 있다.
   (a) 국왕의
   (b) 흥미진진한
   (c) 위험한
   (d) 인상적인, 장엄한
2. 노예제도는 수익성이 있지만 <u>악한</u> 산업이다.
   (a) 무서운
   (b) 사악한
   (c) 값비싼
   (d) 어려운
3. 사막에는 물이 <u>부족하다</u>.
   (a) 희박한
   (b) 무서운
   (c) 흩어진
   (d) 더러운
4. 많은 부족 문화에서, 고통을 견디는 것은 성인으로 가는 통과 절차에서의 공통 <u>의식</u>이다.
   (a) 게임, 놀이
   (b) 파티
   (c) 의식
   (d) 운동
5. 대부분의 여자들은 더 아름다워지고 싶어하는 <u>욕구가</u> 있다.
   (a) 믿음
   (b) 감각
   (c) 힘
   (d) 소망

Chapter 3.
Sentence Simplification

Sample Item   p.49

정답   **1. (D)**

해석   프레드릭 프랑수와 쇼팽

프레드릭 프랑스와 쇼팽은 폴란드인 피아니스트이자 작곡가로, 1810년 바르샤바에서 출생했다. 그는 4세 때 피아노를 배우기 시작했다. 7세 때 처음 작곡한 곡을 발표했다. 8세 때 처음으로 개인 콘서트를 열었다. 쇼팽은 결핵에 걸려서 결국 1849년 파리에서 39세의 나이로 세상을 떠났다.

프레드릭 쇼팽은 스케일이 큰 작품보다는 소품을 더 편하게 여겼다. 쇼팽이 작곡한 거의 모든 작품은 피아노곡이다. 그의 음악은, 매우 낭만적인 아름다운 멜로디를 담으면서 상당히 독창적이다.

문 1 | 첫 번째 단락에서 강조한 문장이 포함하고 있는 중요한 정보를 가장 잘 표현한 문장은 다음 중 어느 것인가? 의미를 바꾸거나 필요한 정보를 제외한 문장은 부정확한 답이다.

(A) 쇼팽은 결핵에 걸려서 죽음을 준비하기 위해 파리로 돌아왔다.
(B) 쇼팽은 1849년 파리에 있을 때 결핵에 걸렸다.
(C) 쇼팽은 39세의 나이에 파리에서 사망했다.
(D) 쇼팽은 39세에 파리에서 결핵으로 사망했다.

해설 | (A) 쇼팽이 죽음을 준비하기 위해 파리로 돌아왔다는 내용은 주어진 문장에 나와 있지 않다. (B) 1849년은 쇼팽이 죽은 연도이다. 또한, 쇼팽이 죽었다는 정보가 빠져있다. (C) 쇼팽이 결핵에 걸렸다는 정보가 빠져 있다. (D) 쇼팽이 결핵에 걸려서 39세의 나이에 파리에서 사망했다는 중요한 정보가 모두 포함되어 있다.

Exercise 1   p.50 ~ p.51

정답   **1. (D)**

해석   헤밍웨이의 Code Hero

헤밍웨이는 유명한 미국 작가였다. 자신의 책에서 그는 자신이 되고 싶었던 남성(상)에 대해 썼는데, 그 자신은 그런 사람이 아니라는 것을 알고 있었다. 그는 이런 남자를 'code hero'라 불렀다. 헤밍웨이는 code hero를 '고난 가운데에서 고상함'을 보이는 사람으로 정의했다. 그들은 감정적인, 정신적인, 신체적인 고통을 용기와 명예로 견디는 사람들이다. 그러나 그들은 죽음이 존재의 끝이라 믿기 때문에 죽음을 두려워한다. 그들이 이 두려움을 어떻게 직시하는지가 그들의 남자다움을 결정한다. 스스로 가치 있는 존재임을 증명하기 위해 그들은 계속적으로 죽음을 직면해야 한다. 즉, 죽음에 대한 두려움에 굴복하지 않고 벼랑 끝에 선 삶을 살아야 하는 것이다. 그러나 헤밍웨이는 자신의 아버지와 마찬가지로 자살을 통해 탈출하기로 결정함으로써 자발적으로 벼랑 너머로 발을 내디뎠다. 그의 code hero들이라면 결코 스스로 선택하지 않았을 일이었다.

문 1 | 본문에서 강조한 문장이 포함하고 있는 중요한 정보를 가장 잘 표현한 문장은 다음 중 어느 것인가?

(A) 자신의 code hero들과 자기 아버지처럼, 헤밍웨이 역시 죽음을 선택했다.
(B) 헤밍웨이는 죽음을 두려워하지 않았고, 현실로부터 도망가기 위해 자살했다.
(C) 헤밍웨이는 죽는 것을 두려워하지 않았지만, 그의 code hero들은 죽음을 두려워했다.
(D) 자신의 code hero들과는 달리, 헤밍웨이는 자기 아버지가 그랬던 것처럼 스스로 목숨을 끊었다.

해설 | (A) 헤밍웨이의 code hero들은 죽음을 두려워했고 자살을 선택하지 않았기에 틀린 내용이다. (B) 헤밍웨이의 code hero들은 자살을 선택하지 않았다는 정보가 빠져 있다. 또한 헤밍웨이가 현실로부터 도피하기 위해 자살을 선택했는지 알 수 없다. (C) 헤밍웨이가 자살을 했다는 정보가 빠져 있다. (D) 자신이 창조한 code heroes와는 다르게, 헤밍웨이가 자기 아버지처럼 스스로 목숨을 끊었다는 중요한 정보가 모두 담겨 있다.

TEXT MAP

(1) grace under pressure (3) existence
(2) Death   (4) manly

Vocabulary&Composition

A 1. c 2. d 3. b
   1. 저자   a. 독자 b. 편집자 c. 작가
      d. 타이피스트
   2. 나타내다 a. 나누다 b. 늘리다 c. 설득하다
      d. 나타내다
   3. 굴복하다 a. 보다 b. 굴복하다 c. 잡다
      d. 준비하다

B 1. Pregnant women tend to be very emotional.
   2. It takes a lot of courage to be a boxer.
   3. It is impossible to prove that God exists.

Exercise 2   p.52 ~ p.53

정답 1. (D)

해석   고딕 소설로서의 「제인 에어」

고딕 소설은 숨겨진 방과 유령과 같은 신비스런 요소와 초자연적인 사건을 포함하는 소설로 정의내려진다. 이런 소설들은 대부분의 이야기가 고딕 양식의 배경에서 발생하기 때문에 '고딕'이란 이름이 붙었다. 고딕 양식의 배경은 마치 중세의 성처럼 매우 어두운 곳이다. 이런 건물들에는 지하감옥과 비밀 통로, 그리고 숨겨진 (비밀의) 방이 있기 마련이다.

「제인 에어」는 성에서 일어난 이야기도 아니고 유령도 나오지 않지만, 여전히 고딕 소설로 분류될 수 있다. 정체를 알 수 없는 로체스터 씨와 그의 숨겨진, 정신이상에 걸린 아내 등과 같은 등장인물들이 이 소설을 고딕 소설로 만든다. 초자연적인 사건들 또한 일어난다. 이상한 웃음소리가 집안 전체에서 들리고, 로체스터 씨와 제인은 거의 마음에서 마음으로 의사 소통을 하는 것 같다. 특히 붉은 색 방은 거의 모든 고딕 소설에서처럼 이런 방이 존재한다는 것을 말해준다.

문 1 | 두 번째 단락에서 강조한 문장이 포함하고 있는 중요한 정보를 가장 잘 표현한 문장은 다음 중 어느 것인가?

(A) 이 소설은 정체를 알 수 없는 남자와 정신 이상에 걸린 아내가 등장하기 때문에 고딕 소설이다.
(B) 「제인 에어」는 등장인물들을 포함하고 있기 때문에 고딕 소설로 분류된다.
(C) 이 소설은 어딘 가에 숨겨진 정신 이상의 등장인물들을 포함하기 때문에 고딕 소설이다.
(D) 「제인 에어」는 신비스런 등장인물들 때문에 고딕 소설로 간주된다.

해설 | (A) 정체를 알 수 없는 남자와 미친 아내는 「제인 에어」에 나오는 등장인물들에 관한 예이므로 이 둘에 대한 상세한 내용이 중요한 정보는 아니다. (B) 등장인물들이 있기 때문에 고딕 소설이 되는 것이 아니다. (C) '숨겨진', '정신 이상의'는 「제인 에어」에 나오는 등장인물 중 한 사람에 대한 세부 묘사이다. (D) 「제인 에어」가 고딕 소설로 간주되는 이유 중 하나가 신비스러운 등장인물들 때문이라는 중요한 정보가 표현되어 있다.

TEXT MAP

(1) mysterious   (4) characters
(2) supernatural   (5) the red room
(3) gothic

Vocabulary&Composition

A 1. b 2. b 3. a

1. 일어나다 a. 성공하다 b. 일어나다 c. 오다 d. 도착하다
2. 정신 이상의 a. 무서운 b. 미친 c. 위험한 d. 사랑스런
3. 특히 a. 특히 b. 부분적으로 c. 거의 d. 근본적으로

B
1. Libraries can categorize books in various ways.
2. Superman's secret identity is Clark Kent.
3. When medicine fails, some people seek supernatural healing.

Exercise 3   p.54 ~ p.55

정답 1. (C)

해석   그리스 예술

고대 그리스인들은 완벽함이, 강하고 건강한 젊은이들의 모습으로 가장 잘 표현될 수 있다고 믿었다. 그들은 균형과 비율을 사용해서 자신들이 완벽한 인간 형태라 생각한 모습을 조각했다. Kore는 젊은 여성의 형상에 붙인 명칭이고 Kouros는 젊은 남성의 형상의 명칭이다. 고대 그리스인들에게 이런 젊은이들의 조각상은 절대적인 완벽함의 이미지였다.

완벽함에 대한 숭배와 욕구는, 시대를 통틀어 거의 모든 문명(사회)의 부분들이고, 우리가 사는 현대 사회도 결코 예외가 아니다. 완벽함을 젊음과 동일시한 그리스인의 생각은 현대에도 계속된다. 그리스인과 마찬가지로 현대 사회는 완벽한 인체의 이미지를 조각을 통해서가 아니라 잡지나 영화, TV 등과 같은 대중 매체를 통해서 미화한다.

문 1 ㅣ 두 번째 단락에서 강조한 문장이 포함하고 있는 중요한 정보를 가장 잘 표현한 문장은 다음 중 어느 것인가?

(A) 완벽함은 거의 모든 고대 사회에서 추구되고 숭배되었다.
(B) 대중 매체는 현대 사회가 고대 문화들보다 더욱 완벽함을 추구한다는 것을 보여준다.
(C) 완벽함에 대한 욕구는 거의 모든 고대 문화와 현대 문화에 존재한다.
(D) 완벽함에 대한 숭배는 현대 사회의 일부분이다.

해설 ㅣ (A) 현대 사회도 완벽함을 추구한다는 정보가 빠져 있다. (B) 현대 사회가 고대 사회들에 비해 더욱 완벽함을 추구하는지는 알 수 없다. 또한 대중매체에 대한 언급은 주어진 문장에는 나오지 않는다. (C) 거의 대부분의 고대 사회와 현대 문화에는 완벽함에 대한 욕구가 존재한다는 중요한 정보가 표현되어 있다. (D) 완벽함에 대한 추구는 고대 사회에서도 존재했다는 정보가 빠져 있다.

TEXT MAP

(1) perfection   (3) perfection
(2) Statues   (4) media

Vocabulary&Composition

A 1. d 2. b 3. d

1. 완벽 a. 우수성 b. 아름다움 c. 목적 d. 완벽함
2. 절대적인 a. 극도의 b. 절대적인, 완전한 c. 굉장한 d. 영원한
3. 숭배 a. 비판 b. 기억 c. 특성 d. 숭배

B
1. It is important to get the proportion right when drawing buildings.
2. This is by no means the first time in history that people have feared the future.
3. The ancient civilizations of Central America were founded upon corn.

Speed Reading 1   p.56 ~ p.57

B 1. (C) 2. (A)

Text Organization

P1 : Monophony ǀ Polyphony
P2 : Latin ǀ plain language ǀ instruments
P3 : harp ǀ flute

Practice 1   p.58 ~ p.59

정답 1. Ⓑ 2. Ⓑ 3. Ⓒ 4. Ⓓ 5. Ⓐ

해석   중세 음악

중세 시대 동안에, 단선율과 다선율이라고 하는 두 가지 독특한 체계의 음악 형식이 발달했다. 단선율은 한 가지 음성 또는 한 가지 악기에 의한 멜로디를 가진 음악 형식이다. 다선율은 두 가지 이상의 멜로디가 동시에 들리는 음악 형식이다. 그레고리오 성가는 단선율 음악의 좋은 예이다. 보통 가톨릭 미사에서 수사들이 라틴어로 불렀던 이 종교 음악은 단일한 멜로디를 따른다.

종교 음악만이 중세 시대에 들을 수 있었던 음악은 아니

였다. 이 당시 세속적 음악이 보급되기 시작했다. 음유 시인들이 이곳 저곳을 떠돌며 사람들을 즐겁게 해 주곤 했다. 그들의 노래는 라틴어가 아닌 쉬운 언어로 불려졌다. 그것들은 슬프기 보다는 대개 명랑했다. 또한 반주가 없었던 종교 음악과는 달리, 세속적인 음악에는 때때로 악기가 사용되었다.

이 시기 동안, 새로운 악기가 발명되고 사용되었다. 많은 현악기와 관악기가 개발되었지만, 대부분은 오늘날 더 이상 사용되지 않는다. 지금까지 존재하는 악기로는 하프, 플루트, 트럼펫, 백 파이프가 있다.

문 1 ㅣ 다선율 음악에 대한 내용 중 사실인 것은?
Ⓐ 다선율 음악은 주로 가톨릭 미사에서 불려졌다.
Ⓑ 다선율은 하나 이상의 멜로디를 갖고, 모든 멜로디가 동시에 연주된다.
Ⓒ 다선율은 나중에 발달했고, 연주하기가 훨씬 간단하고 수월하다.
Ⓓ 다선율은 악기를 사용하지 않고, 독창가에 의해 불려진다.

해설 ㅣ 다선율은 두 가지 이상이 멜로디가 동시에 들리는 음악 형식이다.

문 2 ㅣ 두 번째 단락의 Secular와 의미가 가장 비슷한 것은?
Ⓐ 보통의
Ⓑ 세속적인
Ⓒ 세계적인
Ⓓ 정기적인

해설 ㅣ secular는 '세속적인'의 뜻이다. 앞에 secular music과 대비되는 종교 음악에 대한 언급이 나오므로 이를 바탕으로 뜻을 유추할 수 있다.

문 3 ㅣ 두 번째 단락의 They가 가리키는 것은?
Ⓐ 사람들
Ⓑ 음유 시인들
Ⓒ 노래들
Ⓓ 악기들

해설 ㅣ 슬프기보다는 명랑했고, 알기 쉬운 언어로 불려진 것은 세속음악의 노래였다.

문 4 ㅣ 두 번째 단락에서 강조한 문장이 포함하고 있는 중요한 정보를 가장 잘 표현한 문장은 다음 중 어느 것인가? 의미를 바꾸거나 필요한 정보를 제외한 문장은 부정확한 답이다.
Ⓐ 세속적인 음악을 반주하기 위해 새롭게 발명된 악기가 보편적으로 사용되었다.
Ⓑ 악기는 세속적 음악과 종교적 음악을 반주하기 위해 사용되었다.
Ⓒ 악기는 주로 세속 음악에는 사용되지 않았던 반면, 종교 음악에는 반주가 있었다.
Ⓓ 때때로 세속적 음악에는 악기에 의한 반주가 따랐지만, 종교적 음악은 그렇지 않았다.

해설 ㅣ Ⓐ 새롭게 발명된 악기가 세속적 음악 연주에 사용되었다는 정보는 언급되지 않았다. Ⓑ 종교적 음악에는 반주로 악기가 사용되지 않았으므로 틀린 내용이다. Ⓒ 악기는 세속적인 음악에 사용되고 종교 음악에는 사용되지 않았으므로 틀린 내용이다. Ⓓ 종교적인 음악과는 달리 세속적인 음악에는 때때로 반주가 있었다는 중요한 정보가 표현되어 있다.

문 5 ㅣ 세 번째 단락의 survived와 의미가 가장 비슷한 것은?
Ⓐ 존속한
Ⓑ 도착한
Ⓒ 소생한
Ⓓ 늘어난

해설 ㅣ survive는 '살아남다', '지속되다'는 뜻이다. survive 앞에 나오는 no longer used today가 대비되는 표현이다. 이를 통해 하프, 플루트, 트럼펫, 백 파이프 등의 악기가 아직까지 '남아 있다'고 뜻을 유추할 수 있다.

Speed Reading 2 p.60 ~ p.61

B 1. (B) 2. (A)

Text Organization

P1 : The statue of Moses ㅣ The slave statue
P2 : the outline

Practice 2 p.62 ~ p.63

정답 1. Ⓒ 2. Ⓓ 3. Ⓒ 4. Ⓒ

해설 미켈란젤로의 「노예상」

때때로 위대한 예술은 우연히 생겨난다. 교황 율리우스 2세는 미켈란젤로에게 무덤을 설계하라고 요청했다. 그 무덤은 미켈란젤로의 최고의 조각상 중 하나로 간주되는 거대한 「모세상」으로 매우 유명하다. 그러나 매우 강렬한 것은 「노예상」이다. 의도와는 달리 미완성되었지만, 이 작품은 자유롭고자 하는 인간의 욕망을 가장 강렬히 표현한 것 중 하나이다.

미켈란젤로는 대리석 덩어리의 한 쪽 면에 자신이 조각하려는 인물의 윤곽을 그렸다. 그리고 윤곽의 바깥쪽에서 바위를 쪼개면서 안쪽으로 작업했다. 그는 이 과정을 '대리석에 갇혀 있는 인물을 해방시키는 것'이라 불렀다. 단지 노예 상의 앞면만이 완성되었고, 미완성 부분은 부분적으로 돌 속에 그대로 묻혀 있는 채였다.

그가 남긴 가장 감동적인 작품의 하나가 나온 것은 순전히 우연이다. 이 조각상은 노예의 고통을 분명하게 표현한다. 또, 자유를 향한 몸부림의 영속적인 이미지를 보여준다.

문 1 | 첫 번째 단락에서 강조한 문장이 포함하고 있는 중요한 정보를 가장 잘 표현한 문장은 다음 중 어느 것인가? 의미를 바꾸거나 필요한 정보를 제외한 문장은 부정확한 답이다.
ⓐ 거대한 「모세상」으로 미켈란젤로는 가장 위대하고 가장 유명한 예술가 중 한 명이 되었다.
ⓑ 미켈란젤로의 최대 걸작품들이 이것이 가진 명성의 주요 원인이다.
ⓒ 이 장소가 그토록 유명한 이유는, 여기에 미켈란젤로가 만든 최고 조각상 중 하나가 있기 때문이다.
ⓓ 거대한 「모세상」은 미켈란젤로의 최대 걸작 조각상의 하나로 간주된다.

해설 | ⓐ 「모세상」이 미켈란젤로의 조각상 중 최고의 걸작으로 손꼽히기는 하지만 이것 때문에 미켈란젤로가 가장 위대하고 유명한 예술가가 되었다는 내용은 언급되지 않았다. ⓑ 그곳이 유명한 이유는 그곳에 있는 미켈란젤로의 다수의 걸작들 때문이 아니라 「모세상」 때문이다. ⓒ 그 장소가 유명해진 이유는 미켈란젤로의 최고의 조각상들 중 하나를 포함하고 있기 때문이라는 중요한 정보가 나타나 있다. ⓓ 「모세상」으로 인해 그 장소가 유명해졌다는 중요한 정보가 빠져 있다.

문 2 | 첫 번째 단락의 it이 가리키는 것은?
ⓐ 무덤
ⓑ 「모세상」
ⓒ 윤곽
ⓓ 「노예상」

해설 | 앞 문장에 「노예상」에 대한 내용이 나온다. 자유로워지고 싶어하는 인간의 강렬한 욕구를 표현하는 것은 「노예상」임을 알 수 있다.

문 3 | 두 번째 단락의 embedded와 의미가 가장 비슷한 것은?
ⓐ 들어가는
ⓑ 해방된
ⓒ 갇힌
ⓓ 해산된

해설 | embed는 '박아 넣다'의 뜻이다. 미켈란젤로가 대리석 덩어리에 인물을 새겨 파내는 것을 대리석에 갇혀 있는(imprisoned) 인물을 해방시키는 과정으로 보았던 점으로 보아, 미완성인 부분은 대리석에 그대로 '갇혀 있다'는 것을 유추할 수 있다.

문 4 | 다음 중 「노예상」에 관해 사실인 것은?
ⓐ 대리석과 점토로 만들어졌다.
ⓑ 「모세상」보다 더 유명하다.
ⓒ 미켈란젤로는 인간의 자유에의 욕망을 그 상으로 표현했다.
ⓓ 미켈란젤로는 어떤 윤곽도 그리지 않고 상을 조각했다.

해설 | ⓐ 「노예상」은 대리석으로 만들어졌다. ⓑ 무덤이 거대한 「모세상」 때문에 매우 유명하다는 본문 내용을 보면, 「노예상」이 「모세상」보다 더 유명하다고는 생각할 수 없다. ⓒ 「노예상」은 자유를 추구하는 인간의 욕망이 가장 강렬히 표현된 작품 중 하나이다. ⓓ 미켈란젤로는 우선 대리석에 상의 윤곽을 그리고 난 후 조각하기 시작했다.

Vocabulary Test   p.64

A 1. 동일시 2. 가치 있는, 존경할 만한
3. 초자연적인, 신비적인 4. 조각 5. 자발적으로
6. 결코 ~이 아니다 7. 완전한, 절대적인
8. 굴복하다 9. 우연히 10. 자유롭게 하다

B 1. contract 2. incomplete 3. unintentionally
4. publish 5. unique

C 1. (c) 2. (b) 3. (c) 4. (d) 5. (a)

B 빈 칸에 들어갈 알맞은 말을 골라, 필요하면 고쳐 쓰시오.
1. 사람들이 겨울에 감기에 걸리는 일은 매우 흔하다.
2. 쓰레기와 하수를 치우는 일은 여전히 끝나지 않은 상태이다.
3. 주의를 기울이지 않음으로써, 사람들은 때때로 본의 아니게 과속한다.
4. 무명의 작가는 때로 자비를 들여 자신의 책을 출판한다.
5. 그 박물관에는 현대 유럽 미술작품으로 구성된 독특한 소장품이 있다.

C 밑줄 친 어휘나 구와 가장 유사한 의미를 지닌 것을 고르시오.
1. 독창적인 이야기를 쓰기는 매우 어렵다.
(a) 비범한
(b) 위대한
(c) 유일한, 독특한
(d) 탁월한

2. 공룡은 거대한 파충류였다.
(a) 치명적인
(b) 거대한
(c) 훌륭한
(d) 웅장한

3. 나무로 동물을 진짜 같이 조각하는 데는 멋진 기술이 필요하다.
(a) 그리다
(b) 개발하다
(c) 새기다
(d) 디자인하다

4. 과학자들은 어려운 과학적 질문에 명료한 대답을 해야 한다.
   (a) 신속한
   (b) 평평한
   (c) 주의 깊은
   (d) 분명한

5. 보통, 새들은 겨울을 나기 위해 남쪽으로 날아간다.
   (a) 대개
   (b) 놀랍게도
   (c) 결국
   (d) 분명하게

Chapter 4. Rhetorical Purpose

Sample Item   p.67

정답   1. (A)   2. (B)

해석   칡

칡은 중국이 원산지로, 1876년에 미국에 도입되었다. 칡의 향긋한 꽃은 많은 원예사들의 눈길을 끌었다. 토양 보존국은 세계 대공황 동안 남부 토양의 침식을 줄이기 위해 사람들에게 칡을 심으라고 권장했다. 그러나, 하루에 한 피트까지 자라는 칡의 공격적이고 빠른 성장은 확실하게 곧 생태학적 위협이 되었다.

오늘날 칡은 지속적으로 환경을 위태롭게 한다. 칡은 잎으로 두껍게 식물을 덮어서 질식시켜 죽인다. 기어 오르며 자라는 덩굴은 나무를 덮어 빛 부족으로 나무를 죽게 하고, 심지어는 그것의 엄청난 무게로 나무를 뿌리째 뽑기도 한다. 이 식물의 성장을 저지하는 효과적인 방법이 발견되지 않는다면, 이 식물은 미래에 심각한 문제를 가져올 것이다.

문 1 │ 저자가 남부 토양의 침식에 대해 언급한 이유는 무엇인가?

(A) 이 식물의 도입 배경을 제공하려고
(B) 칡이 자라는 데 있어 토양 질의 중요성을 설명하려고
(C) 칡에 의해 발생한 몇 가지 부정적인 영향을 강조하려고
(D) 칡이 세계 대공황을 종식시키는 데 일조했다는 사실을 암시하려고

해설 │ 남부 토양의 침식을 막기 위해 칡을 심으라고 권장했다는 내용을 밝히면서 칡을 미국에 도입하게 된 배경을 설명하고 있다.

문 2 │ 저자는 칡으로 인한 위협을 어떤 방식으로 설명하는가?

(A) 이 식물이 미래에 미칠 심각한 위험에 대해 토론함으로써
(B) 이 식물이 환경에 미치는 폐해의 예를 제시함으로써
(C) 사람들이 이 식물을 과거에 너무 많이 심었다는 사실을 지적함으로써
(D) 이 식물의 공격적인 성향이 어떻게 그것을 너무 빨리 자라게 하는지를 설명함으로써

해설 │ 두 번째 단락에서 저자는, 칡이 다른 식물을 덮어서 질식시켜 죽이고, 덩굴로 나무를 덮어서 빛을 받지 못하게 해서 죽이고, 엄청난 덩굴 무게로 나무를 뿌리째 뽑아버리기도 한다는 사실을 예로 들어 칡이 환경에 미치는 폐해를 설명한다.

Exercise 1   p.68 ~ p.69

정답   1. (B)   2. (D)

해석   미국 앨리게이터

미국 앨리게이터(악어)는 몸무게가 450~500 파운드에 달하는, 세계에서 가장 큰 파충류 중의 하나이다. 어른 앨리게이터의 길이는 13~18 피트까지 다양하다. 앨리게이터와 크로코다일의 생김새는 상당히 비슷하지만 정확히 똑같지는 않다. 크로코다일은 턱 구조가 다르다. 미국 앨리게이터는 체구가 더 땅딸막하고, 머리가 더 넓다.

미국 앨리게이터의 번식기는 4월에서 5월 사이이다. 암컷은 25~60개에 달하는 많은 알을 낳는다. 그러고 나면 암컷은 낳은 알을 식물로 층층이 덮는다. 햇빛이 알을 따뜻하게 보존하고, 알은 9주 내인 8월 중순에서 9월 중순 사이에 부화한다. 생의 처음 2년 동안, 어린 앨리게이터의 80%는 새나 너구리, 뱀, 커다란 배스, 심지어는 다른 앨리게이터와 같은 포식동물의 희생물이 된다.

문 1 │ 저자는 앨리게이터와 크로코다일의 차이점을 어떻게 설명하는가?

(A) 왜 앨리게이터가 더 땅딸막한 체구를 갖고 있는지를 설명함으로써
(B) 두 파충류의 외모를 비교함으로써
(C) 다른 파충류의 턱 구조를 묘사함으로써
(D) 크로코다일이 앨리게이터보다 무겁다는 것을 말함으로써

해설 │ 저자는 크로코다일의 턱 구조가 앨리게이터와는 다르다는 것과, 앨리게이터의 체구가 더 땅딸막하고, 머리는 더 넓다는 등, 두 종류의 파충류의 외모를 비교하면서 차이점을 설명하고 있다.

문 2 | 저자가 포식동물에 대해 언급한 이유는 무엇인가?
(A) 현재 앨리게이터의 수가 그리 많지 않은 이유를 설명하려고
(B) 앨리게이터의 알이 중요한 식량원이란 사실을 보여주려고
(C) 앨리게이터가 덜 위험한 이유를 제시하려고
(D) 어린 앨리게이터의 죽음에 대한 주요 원인을 설명하려고

해설 | 25~60개에 달하는 많은 알이 부화되지만, 포식동물의 먹이감으로 그 중 80%가 희생된다는 사실을 언급함으로써, 어린 앨리게이터의 죽음의 주요 원인이 무엇인지를 설명하고 있다.

TEXT MAP
(1) reptiles   (4) broader
(2) jaw structure   (5) April
(3) stockier

Vocabulary&Composition
A 1. b 2. d 3. a
   1. 상당히   a. 확실히   b. 상당히, 충분히
      c. 일반적으로   d. 기본적으로
   2. 외관, 겉모습   a. 식욕   b. 균형   c. 목적   d. 외관
   3. 덮다   a. (담요로) 덮다   b. 담고 있다
      c. (파)묻다   d. 완성하다
B 1. Most wrestlers have a stocky body shape.
   2. Police try to help the victim of a crime.
   3. Sometimes an egg will not hatch.

Exercise 2
p.70 ~ p.71

정답 1. (A)   2. (C)

해석   바나나

전 세계적으로 130개 국가에서 자라는 바나나는 많은 개발 도상국에게는 없어서는 안 될 영양공급원이다. 일부가 수출되기는 하지만 대부분은 국내 소비를 위해 생산된다. 동 아프리카에서 바나나는 인구의 50% 가량이 의존하는 주요 식량원이다.

바나나라는 용어는 식물과 그 열매 모두에 사용된다. 바나나는 종종 나무로 잘못 여겨지지만 사실은 풀이다. 열매의 무게는 평균 125그램이고 그 중 75% 가량이 수분이다. 열매에는 미네랄과 칼슘이 다량 함유되어 있다. 이 열매는 비타민 A와 C를 공급해주고, 심지어 단백질도 제공한다.

바나나는 재배하기가 매우 쉽고, 수명이 15년 이상으로 생산적이다. 이런 점으로 인해 바나나는 매우 믿을 만한 식량원이다.

문 1 | 저자가 동 아프리카에 대해 언급한 이유는 무엇인가?
(A) 식량원으로서의 바나나의 중요성을 강조하려고
(B) 대다수의 바나나가 수출되지 않는 이유를 설명하려고
(C) 바나나에 대한 세계 곳곳의 다른 필요들을 정의내리려고
(D) 그토록 많은 바나나가 전세계적으로 재배되는 이유를 설명하려고

해설 | 저자는 동 아프리카를 예로 들어 바나나가 많은 개발 도상국의 필수적인 영양공급원이라는 사실을 강조한다.

문 2 | 두 번째 단락에서 저자는 바나나가 주는 혜택을 어떻게 설명하는가?
(A) 대부분의 바나나가 음식이라는 점을 언급함으로써
(B) 바나나를 재배하기가 얼마나 쉬운지 설명함으로써
(C) 바나나의 영양 성분에 대한 정보를 제공함으로써
(D) 바나나가 나무이면서 동시에 풀이라는 점을 지적함으로써

해설 | 두 번째 단락에서 저자는 바나나가 무기질과 칼슘을 다량 함유하고, 비타민 A와 C, 그리고 단백질까지 제공한다는 것을 설명하고 있다.

TEXT MAP
(1) nutrition   (4) calcium
(2) developing countries   (5) protein
(3) minerals

Vocabulary&Composition
A 1. c 2. a 3. c
   1. 절대 필요한, 극히 중요한   a. 귀중한   b. 완벽한
      c. 필수적인   d. 특별한
   2. 대략   a. 대략   b. 보통   c. 끊임없이
      d. 가끔
   3. 국내의   a. 빠른   b. 정기적인   c. 원산의
      d. 매일의, 일상의
B 1. Processed foods often contain very little nutrition.
   2. Subway trains in Korea are very reliable.
   3. Roses are very difficult to cultivate.

Exercise 3
p.72 ~ p.73

정답 1. (A) 2. (B)

해석 캥거루

호주의 가장 흥미로운 본토 생물 중 하나는 캥거루이다. 캥거루는 시속 64킬로미터까지의 속력으로 뛸 수 있고, 거의 6피트 높이의 장애물을 뛰어 넘을 수 있다. 조이라 불리는 아기 캥거루는 어미 배에 있는 주머니에서 길러진다. 보통, 조이는 298일까지 주머니에 머무르는데, 이 기간은 캥거루의 종에 따라 달라진다.

모든 캥거루는 Macropods(긴 발 동물)로 분류된다. 호주에는 50종 이상의 각기 다른 캥거루가 서식한다. 가장 흔하고 자주 볼 수 있는 캥거루는 회색과 붉은 색 캥거루이다. 거의 볼 수 없는 캥거루는 왈라비와 나무 캥거루이고, 이것들은 평생 나무들 사이에서 생활한다.

비록 호주 사람들이 캥거루를 진정한 호주의 상징(아이콘)으로 여기고 있지만, 캥거루를 좋아하지 않는 사람들이 많다. 캥거루는 농작물을 먹어 치워서 호주의 농업에 해를 끼친다. 또한 캥거루는 종종 길에 뛰어들어 차량에 손상을 입히고, 치명적인 사고를 일으킨다.

문 1 | 저자가 나무 사이에서 사는 캥거루들을 언급한 이유는 무엇인가?

(A) 다른 종류의 캥거루의 예를 들려고
(B) 캥거루가 긴 발 동물로 불리는 이유를 설명하려고
(C) 일부 캥거루가 위험한 이유를 소개하려고
(D) 나무 사이에서 사는 캥거루도 있고, 땅에 사는 캥거루도 있는 이유를 설명하려고

해설 | 저자는 두 번째 단락에서 호주에 50종 이상의 각기 다른 캥거루가 서식한다는 점을 언급하면서 그 예로 왈라비와 나무 캥거루를 들었다.

문 2 | 저자는 일부 호주 사람들이 캥거루를 좋아하지 않는 이유를 어떻게 설명하는가?

(A) 캥거루가 사는 방식을 설명함으로써
(B) 캥거루가 하는 나쁜 일들을 열거함으로써
(C) 캥거루가 어떻게 농업에 피해를 끼치는지를 묘사함으로써
(D) 캥거루가 일으키는 사고에 초점을 맞춤으로써

해설 | 저자는 캥거루가 농업에 미치는 폐해와 캥거루로 인한 사고 등을 나열하면서 일부 호주 사람들이 캥거루를 좋아하지 않는 이유를 설명하고 있다.

TEXT MAP
(1) Macropods   (3) leap
(2) Australia's   (4) Joey

Vocabulary&Composition
A 1. c 2. b 3. d
1. 껑충 뛰다 a. 구르다 b. 날다 c. 펄쩍 뛰다 d. 이동하다
2. 장애물 a. 그릇 b. 장애 c. 울타리 d. 정사각형
3. 치명적인 a. 역겨운 b. 길들지 않은 c. 비싼 d. 치명적인

B 1. Flood water can damage a house.
2. A sports car is not a suitable vehicle for a young family.
3. There are various games that require someone to hop on one leg.

Speed Reading 1
p.74 ~ p.75

B 1. (C) 2. (B)

Text Organization
P1 : anatomy | lifestyle
P2 : air | Bones | muscles
P3 : Gliding on the wind | flapping

Practice 1
p.76 ~ p.77

정답 1. ⒟ 2. Ⓐ 3. Ⓑ 4. ⒟ 5. ©

해석 알바트로스

과학자들과 선원들은 모두, 각기 다른 이유로 알바트로스에 관심을 가지고 있다. 과거에, 선원들은 죽은 사람의 영혼이 이 새 안에 살고 있어서 새를 죽이면 배에 나쁜 일이 생기리라 믿었다. 현대의 일부 선원들도 여전히 알바트로스를 죽이면 불행이 닥치리라 생각한다. 그러나 과학자들은 새의 해부학적 구조와 생활방식에 매료된다.

알바트로스의 몸은 5~12 피트에 달하는 거대한 날개 길이에 비해 작다. 알바트로스는 사실, 내장 주위가 공기 주머니로 감싸여 있어, 부분적으로는 공기로 이루어졌다. 뼈 또한 속이 비어 있다. 뼈대는 단지 전체 몸무게의 13%를, 근육은 단지 9%만을 차지할 뿐이다. 진정으로 공중의 생물

이라 할 수 있는 이 새는 대부분의 삶을 하늘에서 보낸다.

　알바트로스는 바람이 거의 없거나 전혀 없는 곳에서 생존하는 것이 불가능하다. 과학자들은 알바트로스가 생의 95% 가량을 하늘을 날면서 보낸다고 추정한다. 그들은 알바트로스가 바람을 타고 미끄러지듯 나는 동안 잠을 잔다고 짐작한다. 바람을 타고 활공하는 것은 그들이 날개를 퍼덕이지 않고 오랜 시간을 날 수 있는 비결이다.

문 1 | 첫 번째 단락에서 저자는 주제를 어떻게 소개하는가?
　Ⓐ 선원들과 과학자들이 믿는 미신을 열거함으로써
　Ⓑ 선원들과 과학자들의 삶을 묘사함으로써
　Ⓒ 고대의 선원들이 그 새를 무서워했던 이유를 설명함으로써
　Ⓓ 그 새에 관심을 갖는 이유를 비교함으로써

해설 | 선원들과 과학자들의 알바트로스에 대한 관심이 어떻게 다른지 비교하면서 주제를 제시하고 있다.

문 2 | 첫 번째 단락의 fascinated와 의미가 가장 비슷한 것은?
　Ⓐ 열중한
　Ⓑ 마음이 산란한
　Ⓒ 혼란스러운
　Ⓓ 무서워하는

해설 | fascinate는 '마음을 끌다', '매혹하다'라는 뜻이다. 단락의 맨 첫 번째 문장에 나오는 are interested in을 통해 뜻을 유추할 수 있다.

문 3 | 두 번째 단락의 immense와 의미가 가장 비슷한 것은?
　Ⓐ 부드러운
　Ⓑ 넓은
　Ⓒ 빽빽한
　Ⓓ 강력한

해설 | immense는 '거대한'이라는 뜻이다. 몸은 날개에 비해 작은데(small), 날개 길이는 5에서 12피트까지 이른다는 내용을 통해 뜻을 유추할 수 있다.

문 4 | 세 번째 단락에서 저자가 바람에 대해 언급한 이유는 무엇인가?
　Ⓐ 새가 주로 살고 싶어하는 곳을 설명하려고
　Ⓑ 새가 그토록 빨리 나는 이유를 제시하려고
　Ⓒ 새가 좋아하는 것의 예를 들려고
　Ⓓ 새가 공중에서 어떻게 그토록 오래 머무는지 설명하려고

해설 | 알바트로스는 바람을 타고 활공하기 때문에 날개를 퍼덕이지 않고 오랜 시간을 날 수 있다.

문 5 | 다음 중 알바트로스에 대해 사실이 아닌 것은?
　Ⓐ 알바트로스는 바람이 부는 장소에 서식한다.
　Ⓑ 알바트로스의 날개 폭은 매우 넓다.
　Ⓒ 알바트로스의 뼈는 매우 무겁다.
　Ⓓ 과학자는 알바트로스가 나는 동안 잠을 잔다고 생각한다.

해설 | 두 번째 단락을 보면, 알바트로스의 뼈는 속이 비어 있다는 내용이 나와 있다.

Speed Reading 2　　　　　p.78 ~ p.79

B　1. (A)　2. (B)

Text Organization

P2 : movement | wind | tropical rainforests
P3 : fruits

Practice 2　　　　　p.80 ~ p.81

정답　1. Ⓑ　2. Ⓒ　3. Ⓐ　4. Ⓑ　5. Ⓓ

해석　　씨앗 퍼뜨리기

　식물은 살아남기 위해 지속적으로 경쟁을 한다. 식물은 번식하지 못한다면 멸종하게 될 것이다. 그러므로, 식물은 매우 독창적인 방법으로 자신의 씨를 퍼뜨린다.

　어떤 식물들은 움직임에 의존한다. 죽으면 사막을 굴러다니면서 씨를 퍼뜨리는 식물이 있다. 다른 꽃들은 바람에 의존해서 자신의 씨를 다른 지역으로 옮긴다. 예를 들어, 민들레 씨에는 보풀보풀한 낙하산 같은 것이 달려 있어서 바람을 타고 수 마일을 날아갈 수 있다. 그러나 열대 우림에서 자라는 식물은 바람에 의존할 수가 없기 때문에, 헬리콥터(※나선형 날개) 같은 부착물이나 미끄러지는 날개 모양의 씨를 갖는 것과 같이, 자신의 씨를 퍼뜨릴 다른 방법을 찾아야만 한다.

　그러나 대부분의 식물들은 씨앗을 퍼뜨리기 위해 다른 생물을 필요로 한다. 이러한 식물 중의 다수는 실제로 동물들을 자신에게로 끌어들인다. 그들은 동물들이 색깔과 냄새로 감지할 수 있는 열매를 사용한다. 동물들이 씨를 먹고, 이것은 후에 그들의 배설물의 일부로서 땅에 떨어지게 된다.

문 1 | 두 번째 단락의 rely on과 의미가 가장 가까운 것은?
　Ⓐ 초점을 맞추다
　Ⓑ 의존하다
　Ⓒ 전공하다
　Ⓓ 제출하다

해설 | rely on은 '의존하다', '달려 있다'는 뜻이다. 뒤에 나오는, 일부 꽃들은 바람을 의지해(depend on) 자신의 씨를 퍼뜨린다는 내용에서 뜻을 유추할 수 있다.

문 2 | 두 번째 단락의 distributes와 의미가 가장 비슷한 것은?
ⓐ 잃다
ⓑ 묻다
ⓒ 퍼뜨리다
ⓓ 던지다

해설 | distribute는 '배포하다', '퍼뜨리다'란 뜻이다. 어떤 식물이 죽을 때 번식을 하기 위해 사막을 굴러 다닌다는 내용이나, 바람을 의지해 씨를 다른 지역으로 옮기는 식물 등에 대한 내용을 통해 뜻을 유추할 수 있다.

문 3 | 세 번째 단락에서 저자가 열매에 대해 언급한 이유는 무엇인가?
ⓐ 동물을 끌어들이는 일부 식물의 특징을 알려 주려고
ⓑ 일부 식물이 다른 생물들에게 유용하다는 점을 암시하려고
ⓒ 열매가 달리는 식물이 가진 문제점을 설명하려고
ⓓ 일부 식물의 구조에 대한 정보를 제공하려고

해설 | 다른 생물에 의존해서 씨를 퍼뜨리는 식물의 경우, 다수는 자신의 열매를 사용해서 동물을 끌어들여 열매를 먹게 하고, 배설되는 과정을 통해 자신의 씨를 퍼뜨린다는 내용이 나와 있다. 열매는 이들 식물이 가진 특징이다.

문 4 | 다음 중 씨를 퍼뜨리는 방법으로 언급되지 않은 것은?
ⓐ 바람을 이용한다
ⓑ 비를 이용한다
ⓒ 움직임을 이용한다
ⓓ 생물을 이용한다

해설 | 저자는 식물이 씨를 퍼뜨리는 방법으로 두 번째 단락에서는 움직임과 바람(ⓒ와 ⓐ), 세 번째 단락에서는 다른 생물(ⓓ)을 설명하고 있다.

문 5 | 저자는 식물이 씨를 퍼뜨리는 방법을 어떤 방식으로 설명하는가?
ⓐ 바람이 씨를 퍼뜨리는 데 어떤 도움을 주는지 설명함으로써
ⓑ 식물들이 씨를 퍼뜨리는 과정을 묘사함으로써
ⓒ 식물들의 서로 다른 형태의 씨를 대조함으로써
ⓓ 식물들이 (씨를 퍼뜨리는 데) 사용하는 서로 다른 방법을 소개함으로써

해설 | 저자는 움직임에 의존하는 방법, 바람에 의존하는 방법, 다른 생물에 의존하는 방법 등 각자의 특성에 따라 식물들이 씨를 퍼뜨리는 여러가지 방법을 소개한다.

Vocabulary Test p.82

A
1. 뿌리째 뽑다   2. 국내의   3. 깨다, 부화하다
4. 치명적인   5. 번식하다   6. 추정하다, 어림잡다
7. 장애물   8. 극히 중대한, 절대 필요한
9. 생태학적인   10. 의지가 되는, 믿을 수 있는

B
1. be composed of   2. desert
3. be attracted   4. surround   5. be smothered

C
1. (c)   2. (d)   3. (b)   4. (c)   5. (a)

B 빈 칸에 들어갈 알맞은 말을 골라, 필요하면 고쳐 쓰시오.
1. 지질학자들은 지구의 핵이 철과 니켈로 구성되었을 것이라고 추정한다.
2. 사막이란 식물과 물이 거의 없고 날씨가 언제나 건조한 넓은 지역의 땅이다.
3. (관람) 가격이 덜 비싸다면 오페라는 더 많은 사람들을 끌 수 있을지도 모른다.
4. 열대 섬을 둘러싼 바다에는 보통 물고기가 풍부하다.
5. 화재가 난 경우, 사람들은 산소 부족 때문에 질식할 수 있다.

C 밑줄 친 어휘나 구와 가장 유사한 의미를 지닌 것을 고르시오.
1. 과학자는 공룡이 어떻게 멸종했는지 확실하게 알지 못한다.
(a) 도망간
(b) 증가한
(c) 존재하지 않는
(d) 진화한

2. 태양열은 사회의 에너지 필요를 단지 부분적으로만 충족시킬 수 있을 뿐이다.
(a) 가볍게
(b) 천천히
(c) 근본적으로
(d) 약간

3. 어떤 새들은 자신의 둥지를 속이 텅 빈 나무 속에 짓는다.
(a) 무거운
(b) 차지 않은
(c) 신성한
(d) 특별한

4. 몇 가지 문제를 해결하는 데는 좀 더 창의적인 접근방법이 요구된다.
(a) 주의 깊은
(b) 독창성 없는
(c) 창조적인
(d) 집중적인

5. 경찰은 과속하는 운전자를 탐지하기 위하여 속도 측정기를 사용한다.
   (a) 탐지하다
   (b) 통제하다
   (c) 의기소침하게 하다
   (d) 처벌하다

Chapter 5. Insertion

Sample Item   p.85

정답   **1.** (C)

해석   혜성

혜성은 타원이라 불리는 계란 모양의 궤도를 따라 태양 주위를 움직인다. 혜성이 완벽한 궤도를 그리는 데 걸리는 시간을 주기라 부른다. 혜성의 궤도는 거의 변하지 않는다. 혜성이 일관성 있게 자신의 궤도를 따라가기 때문에 과학자들은 언제 혜성이 지구 근처를 지나가는 지 예측할 수 있다. 예를 들어, 과학자들은 헬리 혜성이 76년에 한 번씩 모습을 드러내리라는 사실을 안다.

대부분의 혜성은 세 개의 다른 부분 즉 핵, 머리, 꼬리로 이루어진다. 때때로 혜성의 밝은 중앙의 핵은 거의 지구만큼 클 수 있다. 핵을 둘러싼 머리는 지름이 3만에서 10만 마일에 이른다. 꼬리는 먼지와 가스로 구성되어 밝고 길며 혜성 뒤에 길게 이어진다. 이것은 때때로 태양에서 지구까지의 거리보다 더 길 수 있다.

문 1 ｜ 아래의 문장이 삽입될 수 있는 곳을 나타내는 네 개의 〔■〕를 보시오.

For example, scientists know that Halley's Comet will make an appearance once every 76 years.
문장이 삽입되기에 가장 적합한 위치는 어디인가? 〔■〕을 골라 지문에 문장을 삽입하시오.

(A) A   (B) B   (C) C   (D) D

해설 ｜ 혜성이 일관성 있게 궤도를 따라가기 때문에 과학자들은 혜성이 지구 근처를 지나가는 시기를 예측할 수 있다는 것에 따른 예이므로 C 에 삽입하는 것이 타당하다.

Exercise 1   p.86 ~ p.87

정답   **1.** (A)

해석   의료 분야에서의 로봇

의료 절차를 돕기 위해 로봇을 사용하면 많은 이점이 있다. 예를 들어, 로봇은 건강진료 비용을 크게 줄일 수 있다. 현재는 심지어 간단한 수술에도 12명이나 관여하는 경우도 있다. 가까운 미래에는 오직 한 명의 의사와 한 두 명의 간호사만 필요할 지 모른다. 이렇게 되면 수술하는 데 드는 비용이 훨씬 저렴해질 것이다. 이것은 또한 수술을 받기 위해 기다리는 시간이 줄어들 것임을 의미한다. 수술을 집행할 수 있는 의료인원이 더욱 많아질 것이기 때문이다.

또, 로봇은 (외과) 수술을 하는 동안 발생하는 감염의 위험을 줄이는 데도 도움이 될 수 있다. 의료 팀은 수술 전에 손과 팔을 매우 주의 깊게 씻는다. 외과 의사가 몸을 갈랐을 때 박테리아가 몸 안에 들어가 심각한 문제를 일으킬 수 있기 때문이다. 그러나, 아무리 주의 깊게 씻더라도 인간은 여전히 위험한 박테리아를 옮길 수 있다. 로봇은 화학물질이나 열을 사용해서 모든 박테리아를 죽임으로써 완전히 살균될 수 있기 때문에 훨씬 안전하다.

문 1 ｜ 첫 번째 단락에서 아래의 문장이 삽입될 수 있는 곳을 나타내는 네 개의 〔■〕를 보시오.

For example, they can greatly reduce the cost of healthcare.
문장이 삽입되기에 가장 적합한 위치는 어디인가?

(A) A   (B) B   (C) C   (D) D

해설 ｜ 건강진료 비용을 크게 줄이는 것은 의료 절차에서 로봇을 사용하는 데 따른 이점 가운데 하나의 예이므로 A 자리에 들어가야 한다.

TEXT MAP

(1) Less waiting time
(2) the risk of infection
(3) sterilized

Vocabulary&Composition

A   1. c   2. b   3. d
   1. 절차   a. 연구   b. 사건   c. 절차   d. 조사
   2. 이점, 이익   a. 꿈   b. 이점   c. 발달   d. 모험
   3. 값비싼   a. 즐거운   b. 어려운   c. 위험한   d. 값비싼

B   1. Before reusing them, dairy companies must carefully sterilize milk bottles.
   2. Patients do not need to be put to sleep for every operation.
   3. Eye infections are common in preschool children.

Exercise 2   p.88 ~ p.89

정답   1. (B)

해석   유성

유성체 즉, 유성은 혜성이라 불리기에는 너무나 작은 물체를 가리키는 명칭이다. 유성은 그리스어로 '하늘에 있는 물체'라는 뜻을 가진 'meteoron'에서 유래되었다. 유성이 작기는 하지만, 지구 대기로 진입할 때 너무나 밝기 때문에 쉽게 볼 수 있다. <u>이것은 유성이, 공기를 통과하면서 너무나 빠르게 움직이기 때문에 발생하는 마찰로 말미암아 완전히 타버리기 때문이다.</u>

하늘이 맑으면, 매 시간마다 한 두 개의 유성을 볼 수 있다. 그러나 때때로 많은 유성을 한꺼번에 볼 수 있는 유성우(流星雨)가 내릴 때가 있다. 이는 주로, 지구가 혜성의 꼬리를 통과할 때 일어난다.

운석과 유성은 다르다. 운석은 완전하게 타지 않고, 실제로 지면에 떨어지게 되는 좀더 커다란 조각이다.

문 1 | 첫 번째 단락에서 아래의 문장이 삽입될 수 있는 곳을 나타내는 네 개의 [■]를 보시오.

> This is because they burn up completely due to the friction caused by moving so fast through the air.

문장이 삽입되기에 가장 적합한 위치는 어디인가?

(A) A   (B) B   (C) C   (D) D

해설 | 주어진 문장의 This is because ~에서 This가 무엇을 가리키며, 어떤 내용에 대한 이유를 설명하는 것인지 생각한다. 비록 meteor이 작아도 너무 밝아서 쉽게 보이는 이유가 무엇인지를 설명한 문장이므로 B 자리에 와야 한다.

TEXT MAP
(1) Meteor   (3) hit the ground
(2) Burn up

Vocabulary&Composition

A   1. a   2. b   3. c
  1. 물체   a. 물질   b. 영혼   c. 마음   d. 의미
  2. 들어가다   a. 도망가다   b. 들어가다
     c. (어떤 상태에) 빠지다   d. 무너지다
  3. 실제로   a. 결국   b. 마침내   c. 실제로
     d. 아마도

B   1. <u>Due to their age</u>, antiques are very valuable.
    2. Car engines use lubricating oil to reduce <u>friction</u>.
    3. There are dangerous levels <u>of pollution in the Earth's atmosphere</u>.

Exercise 3   p.90 ~ p.91

정답   1. (C)   2. (D)

해석   자기 부상(浮上)

자기 부상(磁氣 浮上) (철도) – Magnetic levitation transport 또는 Meglev – 은 전자기 에너지를 사용해서 차량을 움직이는 수송 수단의 한 형태이다. 트랙과 차량과의 물리적 접촉이 없기 때문에 유일한 마찰은 공기에서 비롯된다. <u>그러므로, 자기 부상은 매우 빠른 속도로 이동할 수 있는 잠재력이 있다.</u> 그것들은 현재의 열차보다 훨씬 더 빨리 움직일 수 있을 것이다.

이러한 새 열차는 시속 650킬로미터까지로 움직일 수 있으리라 말한다. 이 빠른 속도로 인해 자기 부상은 단지 1,000 킬로미터 미만의 거리를 날 수 있는 비행기와 비교해 가격 경쟁력이 있다. 같은 장소에 도달하고자 할 때, 자기 부상으로 이동하는 것이 비행기를 사용하는 것만큼이나 빠를 것이기 때문이다.

자기 부상 철도는 기존의 대중 수송 체계보다 (이용) 가격 면에서 더 효과적이고, 시간 효율적이며, 환경 친화적이다. 그러나, 건립하는 데 비용이 매우 많이 든다. <u>기존의 열차 트랙에서 운행되지 않기 때문이다.</u> 완전히 새로운 시스템이 건립되어야 한다.

문 1 | 첫 번째 단락에서 아래의 문장이 삽입될 수 있는 곳을 나타내는 네 개의 [■]를 보시오.

> Therefore, maglevs have the potential to travel at very high speeds.

문장이 삽입되기에 가장 적합한 위치는 어디인가?

(A) A   (B) B   (C) C   (D) D

해설 | 자기 부상 열차가 그토록 빠른 속도로 움직일 수 있는 이유 중 하나는 트랙과 차량의 마찰이 별로 없기 때문이므로 그런 이유를 제시한 문장 뒤인 C 자리에 와야 한다.

문 2 | 두 번째와 세 번째 단락에서 아래의 문장이 삽입될 수 있는 곳을 나타내는 네 개의 [■]를 보시오.

> This is because they will not work on the railway tracks that already exist.

문장이 삽입되기에 가장 적합한 위치는 어디인가?

(A) E   (B) F   (C) G   (D) H

해설 | 자기 부상 시스템을 건립하는 데 비용이 매우 많이 든다는 내용에 대한 이유이므로 H 자리에 오는 것이 타당하다.

TEXT MAP

(1) Electromagnetic   (3) cost effective
(2) airlines   (4) time efficient
(5) environmentally friendly

Vocabulary&Composition

A 1. d 2. c 3. b
1. 부족, 결핍   a. 힘   b. 확장   c. 발견
   d. 부족, 결핍
2. 현재의   a. 전기성의   b. 정기적인   c. 현대의,
   당대의   d. 연속적인
3. 가능성, 잠재력   a. 능력   b. 가능성   c. 기능
   d. 역할

B
1. Plastic is not an environmentally friendly product.
2. The new machine is far more efficient than the old one.
3. Modern transportation methods make traveling much faster.

Speed Reading 1   p.92 ~ p.93

B   1. (B)   2. (A)

Text Organization

P1 : Elliptical galaxies | brightness
P2 : long curving arms | hurricanes | label
P3 : spiral galaxies | Shape

Practice 1   p.94 ~ p.95

정답   1. Ⓐ   2. Ⓑ   3. Ⓒ   4. Ⓓ   5. Ⓒ

해석   세 가지 유형의 성운

우주에 존재하는 모든 성운이 다 같은 것은 아니다. 예를 들어, 타원 성운과 나선 성운이라 불리는 두 가지 특정 종류의 성운이 있다. 타원 성운은 매우 가깝게 모여 있는 별들의 집단이다. 이 성운은 보다 넓은 밝기의 범위를 나타낸다. 다른 성운들보다 10배까지 더 밝은 성운도 있고, 1000배 덜 밝은 성운도 있다.

나선 성운은 기다랗게 굽은 팔의 모양을 한 별들을 포함한다. 이 모양은 허리케인이나 소용돌이와 비슷하다. 나선 성운은 모두 'S'로 시작하는 라벨이 붙는다. 이 'S' 다음에는 주로 a나 b, c 같은 소문자가 붙는다.

어떤 성운들은 나선 성운이나 타원 성운으로 분류될 수 없다. 이런 성운들은 불규칙 성운이라 불린다. 이것은 이 성운들이 어떤 범주에도 완벽하게 들어 맞지 않기 때문이다. 그러나 그들은 나선 성운과 비슷한 물리적 특성을 갖기 때문에 나선 성운과 밀접하게 연관된다. 그러나, 이런 성운들은 형태가 나선 성운과 다르기 때문에 나선 성운으로 분류될 수 없다.

문 1 | 아래의 문장이 삽입될 수 있는 곳을 나타내는 네 개의 〔■〕를 보시오.

For example, there are two particular kinds of galaxies called elliptical and spiral.

문장이 삽입되기에 가장 적합한 위치는 무엇인가? 〔■〕을 골라 지문에 문장을 삽입하시오.

Ⓐ A   Ⓑ B   Ⓒ C   Ⓓ D

해설 | '예를 들어, 성운에는 타원 성원과 나선 성원이라 불리는 두 가지 특정 종류의 성운이 있다'는 내용이므로, 모든 성운이 똑같지는 않다는 문장 다음에 오는 것이 타당하다. 그러므로 Ⓐ 자리에 오는 것이 알맞다.

문 2 | 저자가 두 번째 단락에서 허리케인에 대해 언급한 이유는?

Ⓐ 나선 성운이 폭풍과 비슷하다는 것을 나타내려고
Ⓑ 나선 성운의 모양이 어떤지 묘사하려고
Ⓒ 나선 성운이 타원 성운과 다른 이유를 설명하려고
Ⓓ 나선 성운이 불규칙 성운과 다르다는 점을 입증하려고

해설 | 나선 성운의 모양이 허리케인이나 소용돌이와 비슷하다는 문장으로 보아, 나선 성운의 모양을 묘사하려는 의도이다.

문 3 | 세 번째 단락의 정보를 바탕으로 보면, 일부 성운이 불규칙 성운으로 불리는 이유는 무엇인가?

Ⓐ 다른 성운들보다 훨씬 오래되었기 때문에
Ⓑ 다른 성운들과 달리 모양이 계속 변하기 때문에
Ⓒ 다른 성운들과 비슷하기는 하지만 정확하게 같지는 않기 때문에
Ⓓ 그것들이 너무 커서 다른 성운들과 같은 범주에 속하지 않기 때문에

해설 | 불규칙 성운은 어떤 성운의 범주에도 꼭 들어 맞지 않고, 나선 성운과 비슷한 물리적 특성을 갖기는 하지만 형태가 서로 달라 나선 성운으로 분류될 수 없다는 내용이 나와 있다.

문 4 | 세 번째 단락의 fit into와 의미가 가장 비슷한 것은?

Ⓐ ~와 비교하다
Ⓑ ~로 바뀌다
Ⓒ ~을 지나가다
Ⓓ ~에 속하다

해설 | fit into는 '맞다', '끼워 맞추다'란 뜻이다. 불규칙 성운이 타원 성운으로도 나선 성운으로도 분류될 수 없다(cannot be classified)는 내용에 근거해, 여기서는 '들어 맞다', '속하다'란 뜻으로 사용되었음을 유추할 수 있다.

문 5 | 세 번째 단락의 They가 가리키는 것은?
Ⓐ 타원 성운
Ⓑ 나선 성운
Ⓒ 불규칙 성운
Ⓓ 일부 성운

해설 | 해당 단락은 불규칙 성운에 대해 설명하고 있다. 나선 성운과 비슷한 물리적 특성을 갖기 때문에 나선 성운과 밀접하게 연관되는 것은 불규칙 성운이다.

Speed Reading 2   p.96 ~ p.97

B 1. (B) 2. (A)

Text Organization

P2 : Weather satellites | cloud formations | hurricanes | individual States
P3 : Imager | visible light | daylight hours | infrared | night | heat

Practice 2   p.98 ~ p.99

정답 1. Ⓒ 2. Ⓑ 3. Ⓐ 4. Ⓐ 5. Ⓓ

해석   기상 장비

기상학자는 날씨에 대한 정보를 수집하는 데 도움을 주는 장비를 다양하게 사용한다. 대부분의 이런 장비는 지구의 표면 가까이에서 사용된다. 그러나 대기의 다른 부분으로부터 자료를 수집하는 것은 날씨에 대해 보다 나은 전반적인 상황을 파악할 수 있게 도움을 준다.

세계적인 규모로 넓게 기상 체계를 보기 위해서는 기상 인공위성이 매우 귀중하게 사용된다. 일기 예보관들은 인공위성을 통해 실제로 발생하고 있는 날씨를 전 세계에 걸쳐 관찰할 수 있다. 그것들은 구름 형성과 허리케인과 같은 기상 사건을 실시간으로 보인다. 최근의 인공위성 자료는 너무나 자세해서 심지어 각각의 주에 해당하는 기상 관측 데이터도 제공할 수 있다.

각 인공 위성에는 두 가지 형태의 감지기가 있다. 하나는 'imager'라 불리는 눈에 보이는 빛을 감지하는 감지기이다. 이것은 마치 카메라처럼 작동해서 구름의 움직임과 패턴에 대한 정보를 수집하는 데 도움을 준다. 이 감지기는 단지 낮 시간 동안에만 사용할 수 있다. 두 번째 감지기의 명칭은 'sounder'이다. 이는 적외선 감지기로 밤에 사용된다. 이것은 빛이 아닌 열을 사용해서 기상 정보를 수집할 수 있다.

문 1 | 아래의 문장이 삽입될 수 있는 곳을 나타내는 네 개의 [■]를 보시오.
One is a visible light sensor called the "imager."
문장이 삽입되기에 가장 적합한 위치는 어디인가? [■]을 골라 지문에 문장을 삽입하시오.

Ⓐ A   Ⓑ B   Ⓒ C   Ⓓ D

해설 | 인공 위성에 부착된 두 개의 감지기 중 하나인 'imager'에 대해 언급한 문장이면서 One ~, the second sensor ~의 순서상 첫번째이므로, 각 인공 위성에 두 가지 형태의 감지기가 있다는 문장 다음에 와야 한다. 그러므로 Ⓒ 위치에 와야 한다.

문 2 | 첫 번째 단락의 gather와 의미가 가장 비슷한 것은?
Ⓐ 분류하다
Ⓑ 모으다
Ⓒ 통제하다
Ⓓ 비축하다

해설 | gather은 '수집하다', '모으다'란 뜻이다. 문맥상 기상 도구가 기상학자들에게 날씨에 대한 정보를 '수집하는' 데 도움을 준다는 것을 유추할 수 있다. 또한 뒤에 나오는 collecting data from other parts of the atmosphere ~에 사용된 collect를 통해 뜻을 유추한다.

문 3 | 두 번째 단락에서 They가 가리키는 것은?
Ⓐ 인공위성
Ⓑ 일기 예보관
Ⓒ 허리케인
Ⓓ 주(州)

해설 | 해당 단락에서 중점적으로 이야기하는 것은 인공위성이다. 구름 형성과 허리케인 같은 기후 사건을 실시간으로 밝혀주는 것은 인공위성이다.

문 4 | 두 번째 단락에서, 인공위성에 대한 내용 중 사실이 아닌 것은?
Ⓐ 인공위성은 날씨의 원인을 보여준다.
Ⓑ 인공위성은 날씨가 발생하는 것을 보여준다.
Ⓒ 인공위성은 날씨에 관해 상세히 알려준다.
Ⓓ 인공위성은 기후를 전세계적으로 보여준다.

해설 | 인공위성은 날씨가 실제로 발생하고 있을 때 기후를 전 세계에 걸쳐 보여주고(Ⓑ, Ⓓ), 최근의 인공위성의 기상 정보는 너무나 상세해서 각 주마다 해당되는 기상 데이터를 줄 수 있을 정도이다(Ⓒ).

문 5 | 세 번째 단락에 따르면, 'sounder'를 사용하기에 가장 좋은 때는 언제인가?

Ⓐ 더울 때
Ⓑ 추울 때
Ⓒ 밝을 때
Ⓓ 어두울 때

해설 | 'sounder'는 적외선 감지기로, 밤에 사용된다고 언급되어 있다.

Vocabulary Test   p.100

A 1. 살균하다, 소독하다   2. 지름   3. 효율적인   4. 절차   5. 타원   6. 인공위성   7. 가능성, 잠재력   8. 총체적인, 전부의   9. 일관성   10. 볼 수 있는, 눈에 보이는

B 1. category   2. friction   3. temperature   4. surface   5. rarely

C 1. (c)   2. (a)   3. (b)   4. (d)   5. (d)

B 빈 칸에 들어갈 알맞은 말을 고르고, 필요하면 고쳐 쓰시오.

1. 이 책은 논픽션 범주에 속한다.
2. 나무를 비벼서 만들어지는 마찰은 불을 일으킬 수 있다.
3. 사람들이 독감에 걸리면, 그들의 체온은 올라간다.
4. 잠수함은 물의 표면 아래를 여행할 때 사용된다.
5. 일본인들은 공공 장소에서 낯선 사람들에게 거의 말을 걸지 않는다.

C 밑줄 친 어휘나 구와 가장 비슷한 의미를 지닌 것을 고르시오.

1. 삶은 너무도 소중하고, 매우 귀중하다.
   (a) 비싼
   (b) 가치 없는
   (c) 아주 귀중한
   (d) 흥미진진한

2. 대부분의 학생들은 최소한 꽤 컴퓨터에 능숙하다.
   (a) 꽤
   (b) 대체로
   (c) 정직하게
   (d) 명확히

3. 예술가들은 완성되기 전까지는 자신의 작품을 드러내고 싶어하지 않는다.
   (a) 숨기다
   (b) 보이다
   (c) 팔다
   (d) 보호하다

4. 일기 예보는 내일 폭우가 쏟아지리라 예측(예언)한다.
   (a) 부인하다
   (b) 존경하다
   (c) 판단하다
   (d) 예고(예언)하다

5. 망치는 매우 유용한 도구이다.
   (a) 금속
   (b) 물품
   (c) 차량
   (d) 기구, 도구

Chapter 6. Inference

Sample Item   p.103

> 정답 **1.** (C)

해석   홈 스쿨링(자택 학습)

공립학교에서의 교육은 몇 년 동안 감소 추세에 있는 반면에 집에서 하는 홈 스쿨링이 점점 인기를 끌고 있다. 학부모들이 홈 스쿨링을 선택하는 이유는 많다. 이런 이유 가운데 두 가지는 바로 안전과 윤리이다. 양호하고 안전한 학습 환경은, 괴롭히기(왕따)와 폭력에 대한 두려움 없이 교사들이 가르칠 수 있고 학생들이 배울 수 있는 곳이다. 이런 종류의 안전한 환경은 명백하게 학습에 더욱 유리하다. 또한 홈 스쿨링을 통해 부모들은 자신의 자녀에게 도덕적 가치관과 종교적 가치관을 받아들이도록 권장할 수 있다.

문 1 | 지문을 통해 추론할 수 있는 것은?

(A) 공립학교에서는 종교적 가치관이 중요한 요소로 여겨지지 않는다.
(B) 교사와 학생 모두는 많은 학교가 위험하다는 점에 동의한다.
(C) 현재 많은 부모들은 자녀들이 공립학교에서 안전하지 않다고 느낀다.
(D) 홈 스쿨링을 하는 학생들이 공립학교 학생들보다 성적이 더 좋다.

해설 | 많은 학부모들이 공립학교보다 홈 스쿨링을 선택하는 이유 두 가지는 안전과 윤리 때문이다. 그 뒤에 안전한 환경이란 괴롭히기나 폭력이 없는 환경이라는 등의 내용이 나오는 것으로 보아, 학부모들이 공립학교의 환경이 자녀들에게 안전하지 못하다고 여기기에 점점 홈 스쿨링을 선택한다는 것을 추론할 수 있다.

Exercise 1
p.104 ~ p.105

정답 1. (C)   2. (D)

해석   교실에서의 기술

기술은 교실에서 사용할 수 있는 매우 유용한 도구이다. 일종의 휴대용 흑판인 슬레이트는 교실에서 사용되었던 첫 번째 종류의 기술 가운데 하나였다. 35mm 카메라는 학생들에게 엄청난 혜택을 안겨주었던 발명품이었다. 사진을 통해 학생들은 전 세계의 흥미로운 것들을 단지 읽기만 하는 것이 아니라 눈으로 볼 수 있었다. 영사기의 사용은 또 하나의 (기술) 혁신으로, 교사들이 수업을 더욱 활기차게 만들면서 학생들을 가르치도록 하는 데 도움을 주었다. 후에 TV가 교실에 들어왔다. 오늘날의 최신 기술은 컴퓨터와 인터넷이다. 그것들은 정보가 학생에게 전달될 수 있는 방법을 크게 확장시키고 있다. 이제 교육자들은 컴퓨터와 인터넷의 사용이 학생들로 하여금 그들의 학습능력을 높이는 데 어떻게 도움이 될 수 있는지 조사하고 있다.

문 1 ┃ 교실에서의 기술에 대해 추론할 수 있는 것은?
    (A) 그것은 주로 말을 통해 행해졌던 전통적인 교수방법을 대체한다.
    (B) 그것을 통해 학생들은 교사 없이 혼자서 배울 수 있다.
    (C) 많은 다른 형태의 기술이 교육을 위해 사용되어 왔다.
    (D) 인터넷은 가장 효과적인 교수 기술이다.

해설 ┃ 본문은 교실에서 사용된 기술의 예를 시대 순으로 들고 있다. 어느 특정 기술에 대해 강조하기 보다는 과거부터 많은 형태의 기술이 교육에 활용되고 있음을 나타낸다.

문 2 ┃ 최신 기술이 교실에 미치는 영향에 대해 추론할 수 있는 것은?
    (A) 훨씬 더 효율적이라는 것이 증명되었다.
    (B) 그것의 사용으로 학생들은 더 열심히 공부하게 된다.
    (C) 그것을 사용하는 데 적응하는 것은 교육자들에게 어려운 일이다.
    (D) 그것은 학생들이 더 많은 정보를 접할 수 있게끔 도와준다.

해설 ┃ (D) 컴퓨터와 인터넷이, 정보가 학생들에게 전달되는 방식을 확장시켰다는 내용에 따라 학생들이 더 많은 정보를 접하게 되었다고 추론할 수 있다.

TEXT MAP
(1) Photographs   (3) computer
(2) Film projector   (4) Internet

Vocabulary&Composition

A 1. c 2. a 3. d
  1. 최신의   a. 마지막의 b. 다가오는 c. 최신의 d. 정확한
  2. 활기를 띠게 하는, 자극하는   a. 자극하는 b. 파괴하는 c. 수정하는 d. 손해를 끼치는
  3. 조사(탐구)하다   a. 확인하다 b. 배우다 c. 진술하다 d. 조사하다

B 1. A food diary can be <u>a very useful tool</u> for people trying to <u>lose weight</u>.
  2. <u>Innovation</u> is the key <u>to success</u> in music.
  3. She was trying to <u>expand her business</u>.

Exercise 2
p.106 ~ p.107

정답 1. (C)   2. (B)

해석   커리큘럼

교육에서, 커리큘럼은 학교나 대학에서 제공하는 일련의 교육 과정(과목)이다. 이는 학생들이 선택할 수 있는 학과 과목의 범위와 관련이 있을 수 있거나, 정해진 학습 프로그램일 수 있다. 미국에서 커리큘럼은 각 주에 의해 정해지고, 각각의 다른 학군은 자기들의 특정한 교수 목표에 따라 이를 조정한다.

현대의 커리큘럼은 점점 모듈 방식으로 바뀌고 있다. 모듈 방식 커리큘럼에는 필수 단원이 일부 포함된다. 그러나 또한, 학생들은 자기들이 흥미를 갖는 단원들을 선택할 수 있다. 예를 들면, 되지만 어떤 단원은 학생이 흥미가 있는 경우에 선택해서 공부할 수 있다. 예를 들어 말하자면, 전형적인 고등학교 커리큘럼에는 언제나 영어, 수학, 과학, 미술 단원과, 컴퓨터 프로그래밍이나 외국어와 같은 선택 단원이 포함된다.

문 1 ┃ 첫 번째 단락에서 추론할 수 있는 것은?
    (A) 미국의 각 주는 학교가 커리큘럼 짜는 것을 선호한다.
    (B) 학생들은 자신이 공부할 과목을 선택할 자유가 없다.
    (C) 같은 주에 속한 학교도 다른 커리큘럼을 가질 수 있다.
    (D) 학군은 주 정부가 부여한 커리큘럼을 거부할 수 있다.

해설 ┃ (C) 주가 커리큘럼을 정해도 각 학군은 자신들의 목적에 맞게 커리큘럼을 조정할 수 있다는 내용에 따라, 각 학교마다 서로 다른 커리큘럼을 가질 수 있다는 것을 추론할 수 있다.

문 2 | 현대 커리큘럼에 대해 추론할 수 있는 것은?
(A) 학생이 이해하지 못하는 일부 단원이 있다.
(B) 학생들에게 보다 큰 선택의 자유를 제공한다.
(C) 영어, 수학, 과학, 미술은 필수 단원이 아니다.
(D) 학습목표는 커리큘럼의 모든 단원에서 중요하지 않다.

해설 | 현대 커리큘럼은 모듈방식으로, 필수 단원과 학생이 자신의 흥미를 따라 선택할 수 있는 선택 단원을 포함하고 있다는 내용으로 보아, 현대 커리큘럼은 학생들에게 단원 선택에 있어 더 많은 자유를 주고 있다는 사실을 추론할 수 있다.

TEXT MAP

(1) Curriculum   (3) modular curriculum
(2) each State   (4) compulsory

Vocabulary&Composition

A 1. c 2. d 3. a
  1. 수립하다, 정하다 a. 주다 b. 취하다
     c. 확립하다(만들어 내다) d. 기르다
  2. 고르다, 선택하다 a. 조직하다 b. 받아들이다
     c. 연결하다 d. 고르다
  3. 필수의 a. (학과가) 필수의 b. 중요한
     c. 어려운 d. 확신하는

B 1. Photographers adjust light by using lenses on their cameras.
  2. There are several specific problems to be dealt with.
  3. A well-planned curriculum saves teachers a lot of planning time.

Exercise 3   p.108 ~ p.109

정답 1. (D)   2. (B)

해석 표준화된 시험

학교는 전통적으로 자기들의 개별적인 학생 평가 방법을 만들어 사용했다. 평가는 퀴즈, 과제물, 시험 등을 기본으로 한다. 그러나 이런 현상도 변해 이제는 많은 나라들이 표준화된 시험을 사용한다.

이런 변화가 일어난 주요 원인 가운데 하나는, 사람들이 시험과정에서 그 어떤 편견도 제거하기를 원했다는 사실이다. 사람들은 시험과정을 좀 더 평등하고 공정하게 만들고 싶어했다. 표준화된 시험은 모든 학생이 같은 시험을 준비하는 것을 뜻한다. 이것은 같은 자료를 사용해서 서로 다른 학생의 능력을 비교하기 때문에 좀 더 공정하리라 여겨진다.

그러나, 표준화된 시험이 좋다고 모든 사람이 동의하는 것은 아니다. 일부 교육자들은 학생들의 경제적 배경과 사회적 배경이 각자 다르기 때문에 개별적인 시험이 더 공정하다고 주장한다.

문 1 | 표준화된 시험에 대해 추론할 수 있는 것은?
(A) 일반적으로 개별적인 방법보다 더 어렵다.
(B) 처음에는 대부분의 교육자들에게 환영받지 못했다.
(C) 다른 방법과 비교하면 그 결과를 더 신뢰할 수 있다.
(D) 학교로서는 학생들의 능력을 비교하기가 더욱 수월해졌다.

해설 | 두 번째 단락에 따르면, 표준화된 시험은 같은 자료를 사용해 학생들의 능력을 비교하기 때문에, 학교로서는 명확한 평가 기준이 생겨서 학생들의 능력을 더 쉽게 비교할 수 있게 되었다는 점을 추론할 수 있다.

문 2 | 표준화된 시험을 지지하지 않는 사람들에 대해 추론할 수 있는 것은?
(A) 그들은 학생들이 다양한 종류의 시험을 원한다고 생각한다.
(B) 그들은 시험 결과가 다양한 요소의 영향을 받을 수 있다고 생각한다.
(C) 그들은 학생들의 발달을 적절하게 평가할 수 있는 방법은 없다고 생각한다.
(D) 그들은 표준화된 시험이 학생들의 의욕을 돋우기에 충분하지 않다고 생각한다.

해설 | 마지막 단락을 보면, 그들은 학생들의 경제적, 사회적 배경에 따라 시험 결과가 달라질 수 있다고 여기기에 표준화된 시험이 공정하다고 생각하지 않는다는 내용이 나와 있다. 따라서 그들은 다양한 요소가 시험 결과에 영향을 미친다고 생각하고 있다는 것을 추론할 수 있다.

TEXT MAP

(1) bias   (4) economic
(2) equal   (5) social
(3) fair

Vocabulary&Composition

A 1. c 2. d 3. b
  1. 개별적인 a. 집단적인 b. 간접적인
     c. 개별적인 d. 적당한
  2. 평가하다 a. 끌다 b. 발전시키다 c. 발견하다
     d. 평가하다
  3. 선입관 a. 지배 b. 선입관 c. 관심 d. 판단

B
1. Nobody knows the best method for learning languages.
2. Some said that the campaign was not really a fair one.
3. Children have the ability to heal much faster than adults.

Speed Reading 1 p.110 ~ p.111

B   1. (A)   2. (C)

Text Organization
P1 : listeners | teacher-centered
P3 : stimulating | environment

Practice 1 p.112 ~ p.113

정답   1. ⒟   2. ⒞   3. ⒟   4. ⒝   5. ⒞

해석   두 가지 유형의 학습 접근방법

  일부 교육자들은 교사 중심 접근방법이라고도 불리는 수동적인 학습보다 능동적인 학습이 학생들에게 훨씬 더 좋다고 주장한다. 그들은 학생들이 수동적인 학습자에 머물지 않고, 능동적이 되는 것이 중요하다고 주장한다. 그들은 학생들이 자신들의 교육 발달에 좀더 개입되어야 한다고 말한다. 학생 중심 접근방법은 학생들에게 능동적인 청취자가 될 것을 권장한다. 그들은 가르쳐지는 내용에 대해 토론하고 질문을 던진다. 이러한 모든 특성들로 인해 이것은 더욱 상호작용적인 접근방법으로 간주된다.
  그러나, 다른 교육자들은 이 두 가지 접근방법 모두가 성공적인 학습에 필수적이라고 주장하며 이에(위의 주장에) 동의하지 않는다. 중요한 것은 교사가 항상 두 가지 접근방법의 균형 있는 사용을 유지하는 것이라고 그들은 주장한다. 주요 초점이 교사인 경우에, 학생들은 학습 자료에 영향을 끼칠 기회를 갖지 못한다. 그러나 주요 초점이 학생인 경우에는, 교사들이 이바지할 기회가 거의 없다.
  교사들이 두 가지 접근방법을 적절하게 결합시키면, 교사와 학생 모두 교대로 수동적인 역할이나 능동적인 역할을 할 수 있다. 이것이 둘 다에게 더욱 풍부하고, 활기차며, 즐거운 학습환경을 조성한다.

문 1 | 첫 번째 단락의 passive와 의미가 가장 비슷한 것은?
 Ⓐ 지루한
 Ⓑ 복잡한
 Ⓒ 생산적인
 Ⓓ 온순한, 다루기 쉬운

해설 | passive은 '수동적인'이란 뜻이다. 주어진 단어 바로 앞에 나오는 반대 개념인 be active를 통해 뜻을 유추할 수 있다.

문 2 | 첫 번째 단락의 They가 가리키는 것은?
 Ⓐ 교육자
 Ⓑ 교사
 Ⓒ 학생
 Ⓓ 청취자

해설 | 가르쳐지는 내용에 대해 토론하고 질문하는 대상이 누구인지 확인한다. 학생 중심 접근방법에 대한 내용으로 학생의 역할에 대해 이야기하고 있다.

문 3 | 본문에서 아래의 문장이 삽입될 수 있는 곳을 나타내는 네 개의 〔■〕을 보시오.
 From all of these features, it is considered a more interactive approach.
 문장이 삽입되기에 가장 적합한 위치는 어디인가?〔■〕을 골라 지문에 문장을 삽입하시오.
 Ⓐ A   Ⓑ B   Ⓒ C   Ⓓ D

해설 | 주어진 문장의 it은 학생 중심 접근방법을 가리킨다. these features는 학생 중심 접근방법의 특성들이므로, 이러한 특성들이 언급된 문장 다음에 주어진 문장이 삽입되어야 논리적으로 맞다.

문 4 | 본문에 따르면, 학생 중심 접근방법에서 있을 수 있는 문제는 무엇인가?
 Ⓐ 학생들이 자신들의 학습에 대해 지나치게 수동적일 수 있다.
 Ⓑ 학생들이 자신들의 학습을 지나치게 통제하게 된다.
 Ⓒ 학생들이 학습에 대한 흥미를 잃어버려서 (학업) 성취도가 낮아진다.
 Ⓓ 학생들이 교사를 존중하지 않고 무시하게 된다.

해설 | 두 번째 단락을 보면 학습의 주요 초점이 학생에게 맞춰지는 경우 교사들은 학습 과정에 이바지할 기회를 거의 갖지 못한다. 따라서 학생들이 학습을 지나치게 통제할 수 있는 위험이 있다.

문 5 | 다음 중 지문의 내용에서 추론할 수 없는 것은?
 Ⓐ 학생들은 어떤 수업에서는 자발적으로 참여하도록 요구된다.
 Ⓑ 능동적인 학습은 학생들이 수업에서 훌륭한 청취자와 발언자가 되기를 요구한다.

ⓒ 가만히 있으면서 그저 교사의 지도에 따르는 것은 매우 효과적인 학습 방법이다.
ⓓ 풍부하고, 활기차며, 즐거운 학습 환경은 학습을 향상시킨다.

해설 | 능동적인 학습방법과 수동적인 학습이 적절히 조화를 이룰 때 성공적인 학습이 일어난다는 내용으로 보아, ⓒ를 추론할 수 없다.

Speed Reading 2
p.114 ~ p.115

B 1. (C) 2. (A)

Text Organization
P2 : Parents | Mass media
P3 : violence
P4 : Conflict resolution programs | Zero tolerance policies

Practice 2
p.116 ~ p.117

정답 1. ⓓ 2. ⓒ 3. ⓑ 4. ⓐ 5. ⓒ

해석   학교 폭력

학교 폭력은 학교에서 일어나는 신체적 공격 또는 언어적 공격으로 정의되고, 점점 흔하고 더욱 심각해지고 있다.
학교 폭력의 두 가지 주요 원인은 부모와 대중 매체이다. 아이들은 종종 부모의 공격적인 행동을 따라 하고, 어떤 부모들은 자녀들을 적절하게 훈육하지 않는다. 영화나 비디오 게임과 같은 대중매체는 아이들을 폭력에 노출시키는데, 이것이 학교 폭력 증가에 일익을 담당하는 것으로 여겨지고 있다.
대부분의 경우에는 행동상의 문제나 감정상의 문제와 같은 초기 경고 신호가, 어떤 아이에게 상담이 필요하다는 사실을 나타낼 수 있다. 신속한 치료는 이러한 문제가 폭력적인 행동으로 발전하는 것을 막을 수 있다. 이런 신호에는 학교에서의 저조한 (학업) 성취, 폭력적인 미술작품과 억제되지 않은 분노 등이 포함된다.
학교 폭력을 줄이기 위해 학교에서 적용할 수 있는 정책이 많이 있다. 여기에는 '갈등 해결' 프로그램과 '관용 전무(全無)' 정책이 포함된다. 갈등 해결 프로그램은 공감이나 협동과 같은 기술을 발달시키도록 학생들을 훈련시킴으로써 학교 폭력 문제를 해결하는 것을 목표로 한다. 관용 전무 정책은 심지어 아주 사소한 성격의 것일지라도 폭력적인 행동을 보이는 학생을 즉시 정학시키거나 퇴학시키는 것을 목표로 한다.

문 1 | 두 번째 단락에 따르면, 폭력적인 자녀를 둔 부모에 대해 추론할 수 있는 것은?
ⓐ 그들의 부모들 또한 그들이 어렸을 때 그들에게 가혹했다.
ⓑ 그들은 옳고 그름의 차이를 판단할 줄 모른다.
ⓒ TV를 너무 많이 보는 부모들은 공격적인 경향이 있다.
ⓓ 어떤 부모들은 자기들의 행위가 자녀에게 어떤 영향을 끼치는지 깨닫지 못한다.

해설 | 아이들이 종종 부모의 공격적인 행동을 따라한다는 내용이나, 어떤 부모들은 아이들을 적절히 훈련시키지 않는다는 내용에 따라, 자신들의 행위가 아이들에게 어떤 영향을 끼치는지 깨닫지 못하는 부모들이 있음을 추론할 수 있다.

문 2 | 두 번째 단락에서 하이라이트 된 문장이 포함하고 있는 중요한 정보를 가장 잘 표현한 문장은 다음 중 어느 것인가? 의미를 바꾸거나 필요한 정보를 제외한 문장은 부정확한 답이다.
ⓐ 영화와 비디오 게임은 아이들을 학교에서 폭력적으로 행동하게 만드는 대중 매체의 주요 요소이다.
ⓑ 대중 매체는 아이들에게 부정적인 영향을 미쳐서, 아이들이 집과 학교에서 모두 폭력적이 되기 쉽다.
ⓒ 대중 매체는 아이들이 학교에서 더욱 폭력적이 되어 가는 원인의 하나일지 모른다.
ⓓ 학생들이 비디오게임을 너무 많이 하면 학교에서 더 더욱 폭력적으로 될 것이다.

해설 | 대중 매체가 아이들을 폭력에 노출시키는데, 이것이 학교 폭력 증가의 일익을 담당하는 것으로 여겨진다는 내용이 주어진 문장의 요지이다.

문 3 | 세 번째 단락에 따르면, 경고 신호에 신속하게 반응하는 것이 중요한 이유는 무엇인가?
ⓐ 학교와 학부모의 돈이 많이 들지 않게끔 한다.
ⓑ 학교에서 폭력의 발생을 중지시킨다.
ⓒ 폭력적인 학생들로부터 교사를 보호한다.
ⓓ 학생들의 성적을 향상시키게끔 돕는다.

해설 | 행동상의 문제나 감정상의 문제와 같은 초기 경고 신호를 재빨리 파악하고 조치를 취한다면 폭력으로 발전하는 것을 막을 수 있다는 내용이 언급되어 있다.

문 4 | 네 번째 단락의 throw out과 의미가 가장 비슷한 것은?
ⓐ 내쫓다
ⓑ 시험하다
ⓒ 조사하다
ⓓ 꾸짖다

해설 | throw out은 '퇴학시키다'란 뜻이다. '관용 전무' 프로그램은 학생들의 어떤 폭력적 행동도 용인하지 않는다. 아주 사소하더라도 그런 행동을 한 학생을 정학시킨다는(suspend) 내용에서, 정학과 유사하거나 그보다 더 한 처벌이 무엇일까를 생각하면 뜻을 유추할 수 있다.

문 5 | 저자가 '갈등 해결' 프로그램과 '관용 전무' 정책에 대해 언급한 이유는 무엇인가?
- Ⓐ 학교가 사용하는 방법이 효과적이지 않다는 점을 나타내려고
- Ⓑ 두 가지 방법의 문제점과 한계를 설명하려고
- Ⓒ 학교폭력에 대항해서 학교가 취할 수 있는 몇몇 방법을 제시하려고
- Ⓓ 학교에서의 가장 효과적인 폭력 대처 방법을 간단히 설명하려고

해설 | 저자는 학교 폭력에 대응해 학교에서 취할 수 있는 방법의 예로 '갈등 해결' 프로그램과 '관용 전무' 정책을 들고 있다.

Vocabulary Test p.118

A
1. 선입관, 편견 2. 갈등 3. 공감
4. 휴대용의, 들고 다닐 수 있는 5. 점점
6. 정하다, 수립하다 7. 의무적인, 필수의
8. 자극하는, 활기를 띠게 하는 9. 훈련하다, 징계하다 10. 혁신, 기술 혁신

B
1. opportunity 2. evaluate 3. interactive
4. Cooperation 5. Economic

C
1. (b) 2. (c) 3. (d) 4. (a) 5. (d)

B 빈 칸에 들어갈 알맞은 말을 골라, 필요하면 고쳐 쓰시오.
1. 호주와 같은 나라에서 생활하는 것은 영어로 말하는 것을 연습할 수 있는 좋은 기회이다.
2. 시장 상황을 평가하기 어렵다.
3. 현대 박물관들은 요사이, 전시를 더욱 흥미롭게 만들기 위해 상호작용적인 전시를 한다.
4. 우주 탐험에 있어서 정부간의 협력이 더욱 보편화되고 있다.
5. 경제 성장 속도가 둔화되고 있다.

C 밑줄 친 어휘나 구와 의미가 가장 비슷한 것을 고르시오.
1. 명백히 남성과 여성은 사고 방식이 매우 다르다.
   - (a) 슬프게
   - (b) 명백하게
   - (c) 종종
   - (d) 원래
2. 열대 우림에서 바위를 들면 종종 벌레가 나타날 것이다.
   - (a) 위험하게 하다
   - (b) 흥미 진진하게 하다
   - (c) 드러내다
   - (d) 무섭게 하다

3. 비타민 C를 많이 섭취하면 감기를 예방하는 데 도움이 될 것이다.
   - (a) 자극하다
   - (b) 치료하다
   - (c) 장려하다
   - (d) 저지하다
4. 관절염은 사람들의 뼈와 관절에 매우 극심한 통증을 일으킨다.
   - (a) 극도의
   - (b) 꾸준한
   - (c) 빠른
   - (d) 손상을 주는
5. 거의 즉시 그 차는 멈추었고, 운전자가 차에서 내렸다.
   - (a) 깜짝 놀랄 만큼
   - (b) 조용히
   - (c) 실망스럽게도
   - (d) 즉시로

Chapter 7. Prose Summary

Sample Item p.121

정답 1. (B), (D)

해석 1차 재활용과 2차 재활용

유리, 금속, 종이를 재활용하는 데는 두 가지 다른 방법이 있다. 이 방법들을 1차 재활용과 2차 재활용이라 부른다.

1차 재활용은 소비된 폐기물이 정확하게 같은 제품으로 재활용되는 것이다. 예를 들어, 알루미늄 깡통이 알루미늄 깡통으로 재활용되거나, 신문이 신문으로 재활용되는 경우이다. 이런 형태의 재활용에서는 재료가 공장에서 녹여지거나 바뀌어야 한다. 이 과정에서 에너지가 사용되고, 오염을 발생시킬 수 있다.

2차 재활용은 폐기물이 다른 제품, 주로 낮은 품질의 제품으로 바뀌는 것이다. 예를 들어, 빈 계란 상자를 보석을 담는 데 사용하거나, 빈 코카콜라 병을 하이킹 갈 때 물병으로 쉽게 사용할 수 있다. 하향 재활용으로도 알려진 이런 종류의 재활용은, 오염을 감소시키는 데 도움이 되고, 더 이상의 (화학) 공정이나 에너지의 사용을 필요로 하지 않기 때문에 에너지가 절약된다. 그러므로 2차 재활용이 환경에 훨씬 좋다.

문 1 | 지시사항: 지문에 대한 간단한 요약을 위한 도입 문장이 아래에 제시된다. 가장 중요한 내용을 표현한 2가지 대답을 선택하여 요약을 완성하시오. 몇몇 문장들은 단락에서 언급되지 않았거나 중요하지 않은 내용을 표현했기 때문에 요약에 들어갈 수 없다.

재활용에는 1차 재활용과 2차 재활용이라는 두 가지 종류가 있다.
(A) 재활용에 사용되는 재료와 재활용의 처리 공정이 다르기 때문에 그 둘은 완전히 다르다.
(B) 1차 재활용에서는 똑같은 제품을 재생산하기 위해 공장을 이용하는데, 이 과정에서 약간의 오염을 발생시킬 수 있다.
(C) 빈 코카콜라 병을 물병으로 사용하고, 빈 계란 상자를 보석 상자로 사용하는 것은 2차 재활용의 좋은 예이다.
(D) 재료가 공장의 어떤 공정 과정도 거치지 않고 품질 낮은 제품으로 재사용될 수 있기 때문에 2차 재활용이 사회에 더 낫다.

해설 | 1차 재활용은 소비된 폐기물이 정확하게 같은 제품으로 재활용되는 것으로, 재료가 공장에서 공정 과정을 거치기 때문에 오염을 유발할 수 있다. 2차 재활용은 폐기물을 주로 낮은 품질의 제품으로 바꾸는 것으로 공정 과정도 없고 에너지를 사용하지 않기 때문에 오염을 일으키지 않아 환경에 보다 나은 방법이다. 이런 요점을 잘 나타낸 문장은 (B)와 (D)이다.

Exercise 1   p.122 ~ p.123

정답   **1.** (C), (E)

해석   카페인의 영향

카페인은 흰색 식물 가루에 수소, 질소, 탄소, 산소라는 네 가지 다른 화학물질을 함께 섞어 만든 약이다. 카페인은 커피, 차, 소다, 두통약과 같은 여러 다른 제품에서 발견된다.

카페인이 미치는 좋은 영향 가운데 하나는 우리 몸이 음식을 보다 빨리 처리할 수 있도록 도와주어 지방을 태우는 데 도움이 된다는 것이다. 카페인이 다이어트용 알약에 종종 사용되는 것이 이런 이유에서이다. 두뇌에 미치는 좋은 몇 가지 영향으로는 집중력 증가와 정신 활동의 향상, 그리고 더 잘 깨어 있게 만드는 것 등이 있다.

몇몇 해로운 영향으로는 심장 박동이 더 빨라지고 혈압이 더 높아지는 것이 있다. 또한 화장실을 더 자주 가게 만들어 수분, 비타민, 무기질이 더 빨리 빠져나가게 되고, 이것은 신장에 손상을 입힐 수 있다. 카페인을 지속적으로 섭취하면 사람들은 카페인에 의존하게 되어 중독이 될 수 있다. 카페인을 많이 섭취하면 할수록, 같은 효과를 내기 위해 더 많은 양이 필요하다. 이렇게 되면 과량 복용을 하게 되고, 이는 우리 몸에 영구적인 손상을 입히거나 심지어 죽음에 이르게 할 수도 있다.

문 1 | 지문에서 가장 중요한 내용을 표현한 2가지 대답을 선택하여 요약을 완성하시오.

카페인은 많은 제품에서 발견할 수 있는 약이다.
(A) 집중력 증가와 지방 연소는 카페인의 가장 유용한 영향이다.
(B) 카페인은 중독이 될 수 있고, 같은 효과를 계속 내기 위해서는 섭취량을 늘려야 한다.
(C) 카페인은 우리 몸에 부정적인 영향을 미치고, 심지어 중독에까지 이르게 할 수 있다.
(D) 카페인은 지방을 더 빨리 연소시키는 데 도움이 되기 때문에 종종 다이어트 약에 포함된다.
(E) 카페인은 신체 기능을 향상시키는 몇몇 긍정적인 영향을 우리 신체에 미친다.

해설 | 두 번째 단락은 카페인이 미치는 좋은 영향에 대한 내용으로, 우리 몸과 두뇌에 몇 가지 좋은 영향을 미친다는 것이 핵심적인 내용이다. 세 번째 단락은 카페인이 미치는 악영향에 대한 내용으로, 카페인이 우리 몸에 미치는 폐해와 카페인 중독에 의한 치명적인 결과가 핵심 내용이다. 그러므로 이를 가장 잘 요약한 문장은 (E)와 (C)이다.

Vocabulary & Composition

A 1. c 2. a 3. d
1. 지속적인 a. 육중한 b. 통제된 c. 되풀이된 d. 빠른
2. 집중 a. 초점, 중점 b. 지성 c. 활동 d. 이해
3. 영구적인 a. 완전한 b. 고통스러운 c. 극도의 d. 영속적인

B
1. A pill can sometimes be very difficult to swallow.
2. There is a growing addiction to computer games among children.
3. Reducing calorie intake is a major part of successful weight loss.

Exercise 2   p.124 ~ p.125

정답   **1.** (A), (C), (E)

해석   오대호의 얼룩 홍합

오대호에 서식하는 얼룩 홍합은 그곳 생태계를 위협한다. 얼룩 홍합은 이 호수가 원산지가 아니다. 그것들이 처음 발견된 것은 1988년에 이르러서였다.

얼룩 홍합은 유럽의 바다에서 들어온 배의 선체에 붙어

옮겨왔다. 이것은 오대호 전체에 급속하게 퍼졌다. 이 종은 거의 모든 가능한 딱딱한 물체에 달라붙었다. 그것들의 부정적인 영향은 엄청나고 광범위하다.

얼룩 홍합은 때때로 송수관을 막기 때문에 그것들을 제거하는 데 대략 20억 달러의 비용이 소요되었다. 이것들은 또한 먹이와 서식지를 놓고 토착 종과 경쟁하면서, 그렇지 않아도 예민한(깨지기 쉬운) 생태계에 스트레스를 준다. 이것들은 지역 먹이 사슬의 중요한 일부분인 미생물을 다량 먹어 치운다. 그 결과, 토착 종의 개체수가 감소했다.

정부 기관은 이 문제를 해결하기 위해 노력하고 있다. 그들은 얼룩 홍합이 송수관에 달라붙기 힘들게 만드는 방법을 찾기 위한 목적으로 과학적인 실험을 수행하고 있다. 또한, 얼룩 홍합의 개체수를 제거할, 아니면 최소한 감소시킬 종을 찾고 있다.

문 1 | 지문에서 가장 중요한 내용을 표현한 3가지 대답을 선택하여 요약을 완성하시오.

비 토착 종의 유입은 지역 환경에 파괴적인 영향을 미칠 수 있다.

(A) 얼룩 홍합은 유럽의 바다에서 온 선박의 선체에 달라붙어 오대호에 도착했다.
(B) 오대호에 있는 송수관에서 얼룩 홍합을 제거하는 데 지금까지 대략 20억 달러의 비용이 들었다.
(C) 얼룩 홍합이 미치는 부정적인 영향에는 송수관을 막는 것과 토착 종의 개체수를 감소시키는 것이 포함된다.
(D) 정부 기관은 과학적인 실험을 수행함으로써 해결책을 찾기 위해 매우 고심하고 있다.
(E) 정부 기관은 얼룩 홍합이 송수관에 달라 붙지 못하게 하는 방법과, 또한 그 개체수를 감소시키거나 없앨 종을 찾고 있다.

해설 | 비 토착 종의 유입이 지역 환경에 파괴적인 영향을 미치는 예로 얼룩 홍합을 들고 있다. 얼룩 홍합의 유입 경로를 설명한 (A)가 두 번째 단락의 요약문으로 적절하다. 세 번째 단락에서는 얼룩 홍합이 미치는 악영향으로, 송수관을 막아 막대한 제거 비용을 초래한 것과 토착 종의 개체 수 감소를 들고 있다. 그러므로 이를 가장 잘 요약한 문장은 (C)이다. 마지막 단락의 요지는, 정부기관이 이런 문제를 해결하기 위해 얼룩 홍합이 송수관에 달라 붙지 못하게 하는 실험을 수행하고 있다는 것과 그 개체수를 없애거나 감소시킬 수 있는 종을 찾고 있다는 것이므로 (E)가 적절한 요약문이다.

Vocabulary&Composition

A 1. a 2. c 3. b
  1. 예민한, 깨지기 쉬운 a. 깨지기 쉬운
     b. 죽어 가는 c. 혼란스러운 d. 성장하고 있는
  2. 경쟁하다 a. 덮다 b. 직면하다
     c. 겨루다, 경쟁하다 d. 정복하다
  3. 막다 a. 손상시키다 b. 막다, 메우다
     c. 드러내다 d. 기부하다

B 1. The North Pole is the natural habitat of the polar bear.
  2. The aim of brushing teeth is to avoid tooth decay.
  3. Scientific methods are not always objective.

Exercise 3 p.126 ~ p.127

정답 1. (B), (C)

해석   만성 피로 증후군

CFS로 더 잘 알려져 있는 만성 피로 증후군은 연간 거의 80만 명에 달하는 사람들에게 영향을 미치는 심각한 질병이다. CFS에 걸린 사람은 심지어 식료품점에 가는 것만으로도 지칠 대로 지칠 수 있다. 이것은 두뇌가 모든 빛과 소음, 움직임을 처리하느라 허덕이기 때문이다.

CFS의 신체적인 증상으로는 목 아픔, 두통, 극도의 피로, 우울증, 숨 가쁨, 근육통과 관절통 등이 있다. 또한, CFS에 걸린 사람들은 정신 착란이나 기억 상실과 같은 증상을 종종 보이기도 한다. 지난 6개월 동안 이런 증상들 중 네 가지 이상의 증상으로 고통을 겪고 있다면 그 사람들은 CFS에 걸린 것일지도 모른다. 여성이 남성들보다 더 쉽게 CFS에 걸리는 것 같다. 연구결과에 따르면, 여성이 이 질병에 걸릴 확률은 3배이다.

CFS의 원인은 여전히 알려져 있지 않고 완전하게 회복되는 경우도 드물어서, 단지 CFS 환자의 4%만이 실질적으로 정상적인 생활을 되찾는다. 각 증상을 치료하고, CFS 환자들이 보다 건강한 생활방식을 가져가도록 권장하는 것 외에는 실질적인 치료 방법이 없는 실정이다.

문 1 | 지문에서 가장 중요한 내용을 표현한 2가지 대답을 선택하여 요약을 완성하시오.

CFS는 매우 오랫동안 지속되는 때로는 사람의 평생에 걸쳐 지속되는 질병이다.

(A) 두뇌가 정보를 처리하려고 허덕이기 때문에 사람들은 극심한 피로를 겪는다.
(B) CFS는 극심한 피로를 유발하는 심각한 질병으로 여러 가지 증상이 있다.
(C) CFS의 원인은 알려져 있지 않고, 이를 치료하기 위해 사용되는 여러 가지 치료법은 아직까지는 효과적이지 않다.

(D) CFS로 고통 받는 사람들은 일을 할 수 없고 자신의 여가시간을 즐길 수 없다.
(E) 여성이 더욱 쉽게 CFS에 걸릴 수 있다.

해설 | 첫 번째 단락은 CFS를 소개하고 있고, 두 번째 단락은 CFS의 여러 가지 신체적 증상을 열거하고 있다. (B)는 첫 번째 단락과 두 번째 단락의 요약문이다. 세 번째 단락의 요지는, CFS의 원인은 여전히 알려져 있지 않고, 특별한 치료법도 없다는 것이므로 (C)가 가장 적절한 요약문이다.

Vocabulary&Composition

A 1. d 2. b 3. b
1. 소진된, 지칠 대로 지친 a. 현혹된 b. 속은 c. 매혹된 d. 고갈된, 진이 빠진
2. 회복 a. 도망 b. 치유 c. 전환 d. 재훈련
3. 고통, 아픔 a. 해방 b. 고통 c. 충돌 d. 안정

B
1. Cigarette smoking often causes shortness of breath.
2. Many adults wish they could regain their youthful looks.
3. A patient needs both nurses and doctors.

Speed Reading 1   p.128 ~ p.129

B 1. (B) 2. (C)

Text Organization

P2 : Waste management | by-product
P3 : low-waste solution | avoidable
P4 : Sustainable

Practice 1   p.130 ~ p.133

정답 1. ⓓ 2. ⓒ 3. ⓑ 4. ⓐ 5. ⓒ, ⓔ, ⓕ

해석   **미국의 쓰레기 관리**

미국에는 세계 인구의 5% 미만의 사람들이 살고 있지만, 세계 고체 쓰레기의 거의 1/3을 배출한다. 이런 많은 쓰레기는 환경에 위험하다. 이 문제에 대해 어떤 조치를 취할 수 있을까? 두 가지 가능한 해결책이 있다. 한 가지 조치는 '쓰레기 관리법'이고, 다른 조치는 '쓰레기 발생 예방법'이다.

쓰레기 관리법은 많은 쓰레기 배출량 접근방법이다. 이 접근방법을 지지하는 사람들은 쓰레기가 경제 성장에 불가피한 부산물이라 주장한다. 그래서 그들은 쓰레기가 초래하는 환경적 손상을 줄임으로써 쓰레기를 관리하려 한다. 재활용은 이 접근방법에서 의존하는 한 가지 관리 방법이다. 그러나 이 분야에서의 현대적 진보에도 불구하고 약 60% 가량의 가정 쓰레기와 산업 폐기물은 여전히 매립지에서 처리된다. <u>결과적으로, 현존하는 매립지는 빠르게 채워지고 있다.</u> 또한, 매립지는 유독 물질을 환경에 방출하기 시작했다.

다른 해결책인 쓰레기 발생 예방법은 적은 쓰레기 배출량 접근방법이다. 이 방법에서는 쓰레기를 피할 수 있는 것이라 생각한다. 이는 소비를 줄이고 보다 오래가는 제품을 개발함으로써 쓰레기와 오염을 감소시키는 방법이라는 것을 입증하고 있다. 이는 장기적인 해결책이기는 하지만 제조와 소비에 대한 현재의 태도에 중요한 변화를 요구한다.

과학자들은 미국이 적은 쓰레기 배출량 접근방법을 채택한다면 현재의 고체 쓰레기와 유해 폐기물을 80%까지 감소시킬 수 있다고 추정한다. 명백하게 이것은 많은 쓰레기 배출량 접근방법과는 달리, 장기적으로 자연환경 파괴 없이 유지될 수 있기 때문에 훨씬 바람직한 방법이다.

문 1 | 본문에서 아래의 문장이 삽입될 수 있는 곳을 나타내는 네 개의 [■]를 보시오.

As a result, existing landfills are rapidly becoming full.

문장이 삽입되기에 가장 적절한 곳은 어디인가? [■]을 골라 지문에 문장을 삽입하시오.

Ⓐ A   Ⓑ B   Ⓒ C   Ⓓ D

해설 | C 뒤의 문장이 현재 약 60%의 쓰레기가 여전히 매립지에서 처리된다는 내용이므로, 주어진 문장은 이것에 대한 결과이다. 따라서 D 자리에 오는 것이 올바르다.

문 2 | 두 번째 단락의 they가 가리키는 것은?
Ⓐ 사람들
Ⓑ 제품
Ⓒ 매립지
Ⓓ 가정과 산업체

해설 | 환경에 유독 물질을 방출하기 시작한 것은 매립지이다.

문 3 | 네 번째 단락의 hazardous와 의미가 가장 비슷한 것은?
Ⓐ 굉장한
Ⓑ 유독한
Ⓒ 좁은
Ⓓ 심각한

해설 | hazardous는 '위험한'이란 뜻이다. 쓰레기가 환경에 미치는 영향을 생각하면 알맞은 답을 선택할 수 있다.

문 4 | 저자는 쓰레기를 관리하는 두 가지 해결책을 어떤 방식으로 설명하는가?

Ⓐ 두 가지를 대조시킴으로써
Ⓑ 두 가지 방법의 예를 듦으로써
Ⓒ 두 가지의 정의를 내림으로써
Ⓓ 두 가지 방법의 문제점을 설명함으로써

해설 | 많은 쓰레기 배출량 접근방법과 적은 쓰레기 배출량 접근방법을 비교, 대조하여 설명한다. 쓰레기에 대한 근본적인 입장 차이를 대조하여 설명하는 것에서 답을 이끌어낼 수 있다.

문 5 | 지시사항: 지문에 대한 간단한 요약을 위한 도입 문장이 아래에 제시된다. 가장 중요한 내용을 표현한 3가지 대답을 선택하여 요약을 완성하시오. 몇몇 문장들은 단락에서 언급되지 않았거나 중요하지 않은 내용을 표현했기 때문에 요약에 들어갈 수 없다.

미국은 많은 양의 쓰레기를 배출한다.

Ⓐ 좀 더 오래가고, 쉽게 재활용될 수 있는 제품들이 보다 많이 필요하다.
Ⓑ 쓰레기 발생 예방법을 지지하는 사람들은 좀 더 오래가는 제품을 요구하고 있다.
Ⓒ 쓰레기 발생 예방법은 쓰레기를 줄이는 데 초점을 맞추지만, 제조와 소비에 대한 현재의 접근법에 중요한 변화를 요구한다.
Ⓓ 약 60%에 달하는 쓰레기가 여전히 매립지에서 처리되고 있는데, 이는 현대적 재활용 방법이 그 수요를 따라갈 수 없기 때문이다.
Ⓔ 쓰레기 관리 접근법은 쓰레기 발생이 불가피하다고 주장하면서, 쓰레기가 초래하는 환경적 손상의 감소를 그 목표로 한다.
Ⓕ 쓰레기 발생 예방법은 장기적으로 볼 때 훨씬 효과적이고 자연환경의 파괴 없이 유지될 수 있다.

해설 | 두 번째 단락은 쓰레기 관리법에 대한 설명이다. 이 접근법을 가장 잘 요약해 설명한 문장은 Ⓔ이다. 세 번째 단락은 쓰레기 발생 예방법에 대한 설명으로, Ⓒ가 가장 적절한 요약문이다. 마지막 단락에서는 쓰레기 발생 예방법이 장기적인 해결책임을 지적하고 있으므로 적절한 요약문은 Ⓕ이다.

Speed Reading 2

p.134 ~ p.135

B 1. (C) 2. (B)

Text Organization

P2 : organs | physical remedies
P3 : Hippocrates | portable medicine chest
P4 : Preventing illness | bad air

Practice 2

p.136 ~ p.139

정답 1. Ⓑ 2. Ⓓ 3. Ⓒ 4. Ⓐ 5. Ⓑ 6. Ⓑ, Ⓒ, Ⓓ

해석   고대 세계의 의학

고대 이집트인, 그리스인, 로마인들은 현대 의학의 발달에 어떻게 도움을 주었을까? 인체와 건강에 대한 초기 연구는 현대 의학의 바탕이 된 초석을 제공했다.

이집트인들은 종교 의식을 통해 인체에 대해 배웠다. 매장 준비를 하면서 시신에서 장기를 제거하곤 했다. 이를 통해 그들은 신체가 어떤 방식으로 구성되어 있는지에 대해 더 많이 배울 수 있었다. 그 결과, 그들은 전통적인 '영적 치유' 방법과 함께, 질병을 물리적인 치료법으로 다루기 시작했다. 그들은 뇌의 구조를 연구하고, 많은 질병을 치료하고, 부러진 뼈를 잇고, 심지어는 기본적인 뇌수술을 수행할 수 있었다.

초기 고대 그리스에서 의술의 실행은 대개 종교적인 믿음에 바탕을 두었다. 그러나, 그리스의 가장 유명한 의사였던 히포크라테스가 이런 접근방법을 변화시키기 시작했다. 그는 의학은 과학이어야 하고 종교와는 개별적인 것이어야 한다고 주장했다. 이것은 휴대용 약 상자와 같은 의학 장치의 발달 등을 포함하는 많은 변화를 가져왔다. 이 장치로 의사들은 탐침, 연고, 약초, 작은 약 상자들을 지니고 다닐 수 있게 되었다.

로마인 의사들 또한 의학에 과학적인 접근방법을 채택했다. 그들의 철학은 질병 예방이 질병 치유보다 더 바람직하다는 것이었다. 이에 대한 방법을 찾기 위해 그들은 건강을 악화시키는 원인을 연구했다. 로마인들은 질병이 나쁜 공기와 물, 그리고 개인적인 청결의 부족 등과 관련이 있다고 단정지었다. 그들은 깨끗한 물을 제공하고, 하수도를 건설함으로써 하수 오물을 없애고, 공공 화장실을 건립하는 것이 질병 예방에 도움이 될 것이라는 사실을 깨달았다.

문 1 | 본문에서 아래의 문장이 삽입될 수 있는 곳을 나타내는 네 개의 (■)를 보시오.

This enabled them to learn more about how the body is put together.

문장이 삽입되기에 가장 적절한 곳은 어디인가? (■)을 골라 지문에 문장을 삽입하시오.

Ⓐ A   Ⓑ B   Ⓒ C   Ⓓ D

해설 | 매장하기 위해 시체의 장기를 제거하는 과정을 통해 신체가 어떤 방식으로 구성되어 있는지에 대해 더욱 많은 것을 배울 수 있으므로, 주어진 문장이 삽입될 자리는 Ⓑ이다.

문 2 | 두 번째와 세 번째 단락에 따르면, 이집트 의학과 그리스 의학의 유사점은 무엇인가?

Ⓐ 정교한 뇌수술이 보편적으로 이루어지고 있었다.
Ⓑ 그들은 종교적 의식을 위해 장기를 제거했다.
Ⓒ 그들은 그 어떠한 종교적 치료 방식도 거부했다.
Ⓓ 전통적인 방법은 종교적인 치유 방식을 바탕으로 했다.

해설 | 이집트인들은 기본적으로 'spiritual healing' methods로 사람을 치유했고, 그리스인들도 종교적인 신념에 근거해 의술 행위를 했다는 내용이 나와 있다.

문 3 | 세 번째 단락의 portable과 의미가 가장 비슷한 것은?

Ⓐ 변화할 수 있는
Ⓑ 팔 수 있는
Ⓒ 움직일 수 있는, 이동하는
Ⓓ 관리할 수 있는

해설 | portable은 '들고 다닐 수 있는', '휴대용'이란 뜻이다. 의사가 이 약 상자에 탐침, 연고, 약초, 작은 약 상자들을 넣고 지니고 다녔다(carry)라는 것에서 뜻을 유추할 수 있다.

문 4 | 저자가 세 번째 단락에서 히포크라테스에 대해 언급한 이유는 무엇인가?

Ⓐ 그리스 의학이 더욱 과학적이 될 수 있게 만든 이유를 설명하려고
Ⓑ 그리스 의학이 이집트 의학보다 훨씬 나았던 이유를 나타내려고
Ⓒ 로마인과 마찬가지로 그리스인이 과학적이었다는 사실을 설명하려고
Ⓓ 의술을 시행하는 데 있어 그리스 의학과 이집트 의학의 차이점을 강조하려고

해설 | 초기 고대 그리스의 의학은 대개 종교적인 신념에 바탕을 두었지만, 이런 접근 방법에 변화를 가져온 사람이 히포크라테스로, 그는 의학이 과학이어야 한다고 주장했다. 히포크라테스를 시작으로 그리스 의학은 보다 과학적인 학문이 되었다.

문 5 | 다음 중 네 번째 단락의 정보를 통해 추론할 수 있는 것은?

Ⓐ 로마인들은 나쁜 공기와 물이 건강이 나빠지는 원인 중 일부라고 믿었다.
Ⓑ 로마인들은 현대 공중 보건 발달을 위한 초석을 제공했다.
Ⓒ 로마인들은 의술의 실행에 있어 과학적 접근방법을 채택했다.
Ⓓ 로마인들은 다양한 질병에 대한 적절한 치료법을 찾는 데 관심이 없었다.

해설 | 로마인들은 질병이 나쁜 공기, 물, 개인적인 청결의 부족과 관련이 있다고 생각해서 상수도와 하수도를 건설하고, 공공 화장실을 건립했다. 이로써 공중 보건 발달의 초석을 놓았음을 추론할 수 있다.

문 6 | 지시사항: 지문에 대한 간단한 요약을 위한 도입 문장이 아래에 제시된다. 가장 중요한 내용을 표현한 3가지 대답을 선택하여 요약을 완성하시오. 몇몇 문장들은 단락에서 언급되지 않았거나 중요하지 않은 내용을 표현했기 때문에 요약에 들어갈 수 없다.

고대 이집트인, 그리스인, 로마인들은 현대 의학 발달을 위한 초석을 제공했다.

Ⓐ 히포크라테스는 히포크라테스 선서를 바탕으로 하는 현대 의학 윤리의 아버지이다.
Ⓑ 이집트인들은 인체의 구성 방식을 배워서 그 지식을 물리적 치료법의 개발에 사용했다.
Ⓒ 로마인들은 질병 예방이 치료보다 더 낫다고 믿어서 질병의 원인을 찾고 원인을 다루었다.
Ⓓ 고대 그리스인들은 의술 수행이 과학에 근거해야 한다는 것을 믿기 시작했고, 이것은 의료 장치(도구)의 발달을 가져오는 데 일조했다.
Ⓔ 고대의 의술 실행은 종교적이고 미신적인 지식의 혼합이었다.
Ⓕ 로마인들은 전국적으로 공중 화장실 체계를 구축하기 위해 열심히 노력했다.

해설 | 두 번째 단락은 이집트의 의학에 관한 설명으로, 이집트인들은 매장 의식을 통해 신체의 구성 방식을 배웠고 이를 통해 물리적 치료법을 개발했다. 그러므로 적절한 요약문은 Ⓑ이다. 세 번째 단락은 그리스의 의학에 관한 설명으로, 주로 종교적인 신념에 따라 이루어졌지만 히포크라테스 이후로 과학적인 접근 방법이 도입되었다. 이것이 의료 장치의 발달을 야기했다는 것을 적절하게 요약한 문장은 Ⓓ이다. 마지막 단락은 로마의 의학에 관한 설명으로, 로마인들은 질병예방이 질병치료보다 더 중요하다고 생각해서 공중 보건에 힘을 썼다. 따라서 Ⓒ가 가장 적절한 요약문이다.

Vocabulary Test   p.140

A 1. 불가피한   2. 소진된, 지칠 대로 지친   3. 환자
4. 고안물, 장치   5. 생태계   6. 오염, 공해
7. 증상   8. 태도   9. 집중(력)   10. 신장

B 1. addiction   2. delicate   3. surgery
4. remedy   5. by-product

C 1. (c)   2. (b)   3. (b)   4. (d)   5. (b)

B 빈 칸에 들어갈 알맞은 말을 골라, 필요하면 고쳐 쓰시오.
1. 어떤 사람들은 도박에 중독되어 있다.
2. 비단은 매우 섬세한 재료이다.
3. 심장 수술을 받고 회복하는 데는 오랜 시간이 걸린다.
4. 감기에 대한 오래된 치료법은 마늘을 많이 먹는 것이다.
5. 화재 발생에 흔하게 따르는 부산물은 연기이다.

C 밑줄 친 어휘나 구와 의미가 가장 비슷한 것을 고르시오.
1. 보통 감기를 치료하는 방법은 없다.
   (a) 진정시키다
   (b) 통제하다
   (c) 치유하다
   (d) 회복하다

2. 어떤 펜에는 (반)영구적인 잉크가 들어 있다.
   (a) 짧은
   (b) 영구적인, 오래 견디는
   (c) 일시적인
   (d) 위험한

3. 고객의 자금은 회사의 돈과는 개별적으로 관리되어야 한다.
   (a) 결합된
   (b) 개별적인
   (c) 개봉하지 않은
   (d) 포함된

4. 많은 사회에 있어 초석은 기꺼이 협동하려는 태도이다.
   (a) 미래
   (b) 목적
   (c) 발견
   (d) 기반

5. 해외로 여행할 때는 비행기를 타기 전에 돈을 바꾸는 것이 좋다.
   (a) 숨기다
   (b) 바꾸다
   (c) 세다
   (d) 저축하다

Chapter 8. Schematic Table

Sample Item   p.143

정답 **1. Butterflies (A), (B), (D) / Moths (E), (F)**

해석   나비와 나방: 그 차이점

전 세계적으로 대략 14만 종의 나비와 나방이 있다. 그것들은 매우 비슷한 곤충이지만 몇 가지 차이점이 있다. 그들은 더듬이, 몸체, 비행시간, 날개를 쉬는 방법, 번데기를 보관하는 방법에서 차이가 난다.

일반적으로 나비의 더듬이는 끝 모양이 혹처럼 되어 있는 반면에 나방의 안테나는 깃털로 덮여 있거나 똑바르다. 나비의 몸체는 부드럽고 날씬하지만 나방의 몸체는 토실토실한 경향이 있다. 나비는 대부분 낮에 날지만, 나방은 대부분 밤에 난다. 더욱이, 일반적으로 나비는 화려한 날개를 똑바로 세운 채 휴식을 취하지만, 나방은 색이 분명하지 않으면서 주로 잿빛이 도는 날개를 쫙 편다.

나방과 나비의 생명주기는 매우 비슷해서, 알, 모충(또는 애벌레), 번데기, 성충의 네 단계를 포함한다. 번데기는 모충이 성충으로 변하는 탈바꿈 단계이다. 둘은 이 단계에서 차이가 난다. 나비와는 달리 나방은 주로 자기 몸의 특별한 부분에서 뽑은 명주실 같은 줄로 자아 만든 고치로 번데기를 싼다.

문 1 | 지시사항: 적절한 보기를 골라 관련 있는 곤충 유형과 짝지으시오. 두 개의 보기는 제외됩니다.
(A) 몸체가 뚱뚱하지 않다.
(B) 밝을 때 나는 것을 좋아한다.
(C) 몸에 털이 많다.
(D) 쉴 때는 날개를 수직으로 한다.
(E) 새끼(번데기)를 위해 특별한 실을 생산한다.
(F) 깃털로 덮인 더듬이를 사용한다.
(G) 주로 부드러운 용기 안에 숨는다.

해설 | 나비는 몸체가 부드럽고 날씬하다(A). 대부분 낮에 날고(B) 쉴 때는 화려한 날개를 수직으로 한다(D). 반면에 나방은 몸체가 토실토실하고, 더듬이가 깃털로 덮여 있고(F), 대부분 밤에 난다. 또한, 나방은 자기 몸의 특별한 부분에서 실을 뽑아 고치를 만든다(E).

Exercise 1   p.144 ~ p.145

정답 **1. Stratus clouds (A), (E) / Cumulus clouds (C), (D), (G)**

해석   구름의 유형

구름 형성의 유형은 서로 달라서, 각 유형마다 분명한 특징과 이름이 있다. 이런 구름 유형 가운데 두 가지를 층운과 적운이라 부른다.

stratus는 라틴어에서 유래된 단어로 '뻗다'라는 뜻이다. 그러므로 층운은 수평의 층진 구름으로, 마치 담요처럼 하늘을 가로 질러 뻗는다. 이것은 하늘을 가로질러 수 킬로미터를 뻗을 수도 있다. 층운은, 따뜻하고 습한 공기 층이 차가운 공기 층 위를 지날 때 형성된다. 이런 두 가지 공기 층이 만나면, 따뜻한 공기가 차가워지면서, 때로 층운 층이 형성된다.

두 번째 형태의 구름은 적운이라 불린다. cumulus는 라틴어에서 유래된 단어로, 더미나 무더기라는 뜻이다. 적운은 부푼 모양으로 마치 큰 목화송이처럼 보인다. 적운은 주로, 따뜻하고 습한 공기가 강제로 위로 올려져 차가워질 때 형성된다. 때로, 이런 현상이 공기를 응축시켜 적운을 생성한다. 이런 구름의 크기를 좌우하는 것은 공기가 위로 움직일 때의 힘과 공기에 포함된 수분이다. 위로 올라가는 움직임과 따뜻하고 습한 공기의 내용물이 강할수록 구름은 더 커진다. 여름에 나타나는 격렬한 뇌우는 적란운이라 불리는 적운의 한 형태로, 수백 미터 위로 뻗어 나갈 수도 있다.

문1 | 지시사항: 적절한 보기를 골라 관련 있는 구름 유형과 짝지으시오. 두 개의 보기는 제외됩니다.

(A) 하늘을 가로 질러 멀리까지 뻗는다.
(B) 먼 거리를 움직인다.
(C) 많은 소음을 낼 수 있다.
(D) 매우 크고 부드러워 보인다.
(E) 각각의 위에 놓인다.
(F) 목화송이와 동일하다.
(G) 매우 높을 수 있다.

해설 | 층운은 마치 담요처럼 하늘을 가로 질러 수 킬로미터를 뻗어 나가는 구름으로(A), 수평으로 층을 이룬다(E). 적운은 부푼 모양으로 매우 크고 부드러워 보인다(D). 여름에 나타나는 적란운은 적운의 한 형태로 격렬한 뇌우를 동반하고(C), 수백 미터 위까지 뻗어 올라간다(G).

Vocabulary&Composition

A 1. b 2. a 3. d
  1. 분명한, 뚜렷한 a. 규칙적인 b. 명확한, 뚜렷한
      c. 강력한 d. 혼합된
  2. 뻗다 a. 펼치다, 펴지다 b. 구부리다
      c. 폭발하다 d. 말다
  3. 습기가 있는 a. 죽은 b. 느슨한 c. 장엄한
      d. 축축한

B 1. Business Class fliers have much more space to stretch out than those in Economy Class.
  2. Humans sleep in a horizontal position but some animals sleep standing up.
  3. Genes determine the characteristics of every living thing.

Exercise 2   p.146 ~ p.147

정답 1. Bogs (B), (E), (F) / Marshes (C), (D)

해석   습지대 식별

습지대는 수분 함유량이 많은 지대이다. 습지대에는 습지, 늪, 조수에 의한 해수 marsh(늪), 조수에 의한 담수 marsh(늪) 등과 같은 여러 유형이 있다. 그러나 습지대의 두 가지 기본 유형은 bog(습지)와 marsh(늪)이다.

bog(습지)는 빙하로 인해 땅이 움푹 패인 지역이고, 이 습지대는 대부분 비가 내리는(오는) 북부 지대에서 발견된다. bog(습지)의 물은 주로 갇혀 있어서 결국 물이 괴게 되어 비생산적인 환경을 만든다. bog(습지)는 떠 있는 식물의 층으로 덮여 있어서 단단한 땅처럼 보인다. 그러므로 걸어서 지나가면 매우 위험할 수 있다. bog(습지)에서 찾아 볼 수 있는 식물과 풀에는 검정가문비나무, 황새풀, 속새 등이 포함된다.

marsh(늪)은 흐르는 물로 가득 찬 움푹한 땅으로 북 아메리카에 매우 흔하다. bog(습지)와는 달리 marsh(늪)의 물은 갇혀 있지 않다. 그곳의 물은 주로 얕고, 지하수나 지표수에서 온다. 종종 식물의 섬이 존재한다. marsh(늪)은 담수 유형과 해수 유형으로 나뉜다. 담수형 marsh(늪)는 주로 내륙에 위치하는 것에 반해, 해수형 marsh(늪)는 해안을 따라 뻗어 있다. 담수형 marsh(늪)에는 갈대와 골풀 등과 같은 식물이 자란다.

문1 | 지시사항: 적절한 보기를 골라 관련 있는 습지대 유형과 짝지으시오. 두 개의 보기는 제외됩니다.

(A) 식물을 더 빨리 자라게 한다.
(B) 물이 흐르지 않게 한다.
(C) 두 가지 다른 유형이 있다.
(D) 주로 그다지 깊지 않다.
(E) 빙하에 의해 만들어진다.
(F) 위를 걷기에 괜찮아 보인다.
(G) 물고기에게 충분한 양식을 제공한다.

해설 | bog(습지)는 빙하에 의해 형성된 움푹한 지대(E)로, 물이 고인다(B). 떠 있는 식물의 층으로 덮여 있어서 단단한 땅처럼 보이지만 걷기에는 매우 위험하다(F). marsh(늪)는 주로 얕고(D), 담수 유형과 해수 유형의 두 가지 다른 유형이 있다(C).

Vocabulary&Composition

A 1. c 2. d 3. c
  1. ~으로 가득 찬 a. ~이 없는 b. ~을 전부 갖춘 c. ~으로 가득한 d. ~와 혼동한

2. 얕은   a. 꾸준한   b. 매끄러운   c. 무거운
   d. 깊이 없는
3. 내륙의   a. 관련된   b. 육로의   c. 내부의
   d. 밖의

B 1. Farmers can find that their boots will stick in a bog.
2. It is always best to drink running water not stagnant water.
3. The tidal stream gradually decreases in shallow waters.

Exercise 3   p.148 ~ p.149

정답   1. Silicate Minerals (A), (D) /
          Non-silicate Minerals (B), (C), (G)

해석   광물의 유형

지금까지 과학자들이 2천 가지의 광물을 식별해냈지만, 발견해야 할 광물은 여전히 많다. 매년 새로운 광물이 목록에 추가된다. 이 목록은 화학적 성질을 바탕으로, 규산염 광물과 비규산염 광물이라는 서로 다른 군으로 이루어져 있다.

규산염 광물은 지구에서 가장 보편적인 광물군이다. 규산염 광물군은 주요 구성성분으로 규산과 산소와 같은 요소를 갖는다. 대부분의 규산염 광물은 지구의 표면이나 그 근처, 또는 지하 깊숙한 곳에서 용암이 식을 때 형성된다. 규산염 광물 중에서 흔하게 발견되는 암석의 유형은 ultramafic rocks와 granitic igneous rocks이다. 사람들은 이 암석들을 보석의 원석으로 사용하고, 도자기나 유리제품을 만드는 데 사용한다.

비규산염 광물은 여러 다른 군에 존재한다. 이런 군 중에 속한 몇몇 광물은 마그마가 식을 때 형성된다. 다른 광물들은 물이 증발하여 광물 결정이 남거나, 다른 광물이 분해해서 형성된다. 비규산염 광물에는 석고, 암염, 적철광, 방해석, 황 등이 포함된다. 비규산염 광물 덕택에, 식탁용 소금이나 철광, 시멘트, 약품, 화학물질 등과 같은 유용한 것들을 많이 만들 수 있다.

문 1 | 지시사항: 적절한 보기를 골라 관련 있는 광물 유형과 짝지으시오. 두 개의 보기는 제외됩니다.

(A) 쉽게 찾을 수 있다.
(B) 건물을 짓는 데 사용할 수 있다.
(C) 먹을 수 있다.
(D) 값비싼 보석류로 이용될 수 있다.
(E) 항상 매우 비싸다.
(F) 때때로 열을 발생시킨다.
(G) 매우 다양한 방식으로 형성된다.

해설 | 규산염 광물은 지구에서 가장 보편적인 광물군으로(A), 사람들은 이 광물에서 발견되는 암석을 보석으로 사용하거나 도자기나 유리제품을 만드는데 사용한다(D). 비규산염 광물은 여러 다른 군에 존재하며 형성방식도 각기 다르고(G), 식탁용 소금이나 약(C), 또는 시멘트나 철광(B) 등의 원료가 된다.

Vocabulary&Composition

A   1. d   2. a   3. b

1. ~으로 이루어져 있다   a. 만들다   b. 염려하다
   c. 끝내다   d. ~으로 이루어져 있다
2. (구성) 성분   a. 요소   b. 조각   c. 극소(량)
   d. 수집
3. 증발하다   a. 도착하다   b. (열 등이) 사라지다
   c. 녹다   d. 도망가다

B 1. There are two main forms of transport, namely public and private.
2. Wells are used to access water that is underground.
3. Bacteria decompose impurities into gases and solids.

Speed Reading 1   p.150 ~ p.151

B   1. (A)

Text Organization

P1 : ocean movement
P2 : dinosaurs | flowering plants

Practice 1   p.152 ~ p.153

정답   1. Ⓑ   2. Ⓓ   3. Ⓐ
       4. The Cretaceous Period Ⓐ, Ⓒ, Ⓓ /
          The Triassic Period Ⓔ, Ⓕ

해석   트라이아스기와 백악기

약 2억 4천 8백만 년 전에서 2억 6백만 년 전까지 존재한 트라이아스기는 거대한 변천의 시기였다. 이 시기는 기후와 해양 운동의 변화로 특징지어졌다. 이 시기 초의 지질은 '판게아'로 알려진 하나의 큰 대륙으로 이루어져 있었다. 트라이아스기 말에 이르러 이 대륙은 쪼개지고 깨지기 시작했다. 기후가 점점 더 건조해지고 따뜻해지면서 해수면이 상승하기 시작했다. 이 시기 동안에 존재했던 동물에는 가장 초기 형태의 공룡이 포함된다. 이 공룡들은 대부분 길이가 6인치를 넘지 않았다. 당시 포유류 역시 진화하고

있었지만, 공룡이 육지를 지배하는 종이 되었다. 식물은 건조한 조건 때문에 북쪽에서는 희박했지만, 남쪽에서는 번성했다.

백악기는 약 1억 4천 4백만 년 전에서 6천 5백만 년 전까지 존재했다. 이때는 공룡이 절정에 달했던 시기였다. 티라노사우루스 렉스와 같은 거대한 육식 동물이 등장했다. 이 시기 동안에는 공룡의 종류가 매우 다양했다. 또한 넓은 범위의 곤충 군, 현대 포유류, 조류 군과, 최초의 꽃식물이 존재했다. 모든 대량 멸종 가운데 가장 유명한 멸종이 백악기 말에 나타났다. 백악기 말은 공룡이 사라진 거대한 멸종의 시기로 포유동물의 시대가 시작되었다.

문 1 | 첫 번째 단락의 fracture와 의미가 가장 비슷한 것은?
Ⓐ 형성하다
Ⓑ 쪼개지다
Ⓒ 붕괴하다
Ⓓ 만들다

해설 | fracture는 '깨지다'의 뜻이다. 트라이아스기 초에 존재했던 판게아라는 하나의 커다란 대륙이 트라이아스기 말에 이르러 쪼개졌다(break)는 내용에서 뜻을 유추할 수 있다.

문 2 | 첫 번째 단락의 sparse와 의미가 가장 비슷한 것은?
Ⓐ 꾸준한
Ⓑ 장관의, 구경거리의
Ⓒ 싸우는
Ⓓ 부족한, 빈약한

해설 | spares는 '희박한'의 뜻이다. 북쪽의 식물과는 달리, 남쪽은 식물이 번성했다는 내용으로 뜻을 유추할 수 있다.

문 3 | 첫 번째 단락에 따르면, 식물이 북쪽에서 자라기 어려웠던 이유에 대해 추론할 수 있는 것은?
Ⓐ 비가 충분히 내리지 않았다.
Ⓑ 동물들이 계속 식물을 먹어댔다.
Ⓒ 토양이 별로 좋지 않았다.
Ⓓ 물이 너무 짰다.

해설 | 마지막 문장을 보면, 건조한 조건 때문에 북쪽에 식물이 희박했다고 했으므로 그다지 비가 많이 내리지 않았음을 유추할 수 있다.

문 4 | 지시사항: 적절한 보기를 골라 관련 있는 시기와 짝지으시오. 두 개의 보기는 제외됩니다.
Ⓐ 많은 곤충과 꽃이 존재했다.
Ⓑ 모든 식물이 (생존하려) 허덕거렸다.
Ⓒ 다양한 종류의 공룡이 존재했다.
Ⓓ 결국 공룡이 사라졌다.
Ⓔ 대부분의 공룡이 매우 작았다.
Ⓕ 일부 지역에는 식물이 거의 없었다.
Ⓖ 거대한 포유동물이 공룡을 먹었다.

해설 | 백악기는 공룡이 절정에 달했던 시기로 다양한 종류의 공룡이 존재했Ⓒ. 또한 다양한 곤충 군, 현대 포유동물, 조류 군과 최초의 꽃 식물이 존재했다Ⓐ. 그러나 결국 백악기 말에 이르러 공룡은 멸종했다Ⓓ. 트라이아스기의 초기 형태의 공룡들은 대부분 작았고Ⓔ, 북쪽에는 건조한 기후 때문에 식물이 희박했으나Ⓕ 남쪽에는 식물이 많았다.

Speed Reading 2 p.154 ~ p.155

B 1. (C)

Text Organization
P2 : storms | life cycle
P3 : Rotate | hailstones | tornadoes

Practice 2 p.156 ~ p.157

정답 1. Ⓒ   2. Ⓓ   3. Multicell Line Storms Ⓒ, Ⓔ, Ⓖ / Supercell Storms Ⓐ, Ⓓ

해석   Multicell Line Storms vs. Supercell Storms

일기 예보자들은 사람들에게 사전경고를 주기 위해 폭풍을 확인하는 데 심혈을 기울인다. 어떤 폭풍은 다른 폭풍보다 더 위험할 수 있고, 때로는 실제로 일렬로 서로 연결되어 하나의 긴 폭풍 라인으로 작용할 수도 있다. 이런 형태의 폭풍 두 가지는 multi cell line storm과 supercell storm이다.

multicell line storm는 보통 한 줄로 늘어선 폭풍들을 하나로 연결하지만 때로는 폭풍들 사이에 틈이 있을 수 있다. 접근하고 있는 multicell line은 서쪽 지평선을 덮고 있는 검은 구름 덩어리로 보인다. 이 폭풍 line은 골프공 크기의 우박, 심하고 가벼운 비, 또한 꽤 약한 경향이 있기는 하지만 심지어 토네이도를 포함하는 여러 가지 상황을 일으킬 수 있다. multicell line storm은 생성기, 성장기, 소멸기의 생명주기를 갖고 한 시간 미만 동안 존속하는 폭풍 군으로 이루어진다. 어미 폭풍은 몇 시간 동안 살아 있을 수 있다.

supercell storm는 multicell line storm과는 다르다. 주요 차이점 가운데 하나는, supercell storm이 메조사이클론이라 불리는 공기의 상승 기류 때문에 회전한다는 사실이다. supercell storm은 흔하지 않지만, 발생했을 경우에는 매우 위험하다. 매우 잘 조직된 뇌우 군으로 직경이 2인치에 이르는 거대한 우박을 만들어낼 수 있다. multicell line storms와는 달리 그것들은 매우 격렬한 토네이도 또한 생성한다.

문 1 | 두 번째 단락에서 강조한 문장이 포함하고 있는 중요한 정보를 가장 잘 표현한 문장은 다음 중 어느 것인가? 의미를 바꾸거나 필요한 정보를 제외한 문장은 부정확한 답이다.
  Ⓐ Multicell line storm은 오랜 시간 동안 살아 있을 수 있고, 주로 무리 지어 몰려온다.
  Ⓑ Multicell line storm은 생성에서 소멸까지라는 생명 주기를 갖고 있다.
  Ⓒ Multicell line storm은 주로 한 시간 미만 동안 생존하는 폭풍 군이다.
  Ⓓ Mulitcell line storm은 생성해서 소멸되기까지 평균한 시간 동안 존속한다.

해설 | 문장의 요점은 multicell line storm이 폭풍의 무리라는 것과 이 폭풍 군의 생명주기는 한 시간 미만이라는 것이다. 두 가지 요점이 정확하게 포함된 문장은 Ⓒ이다.

문 2 | 세 번째 단락의 they가 가리키는 것은?
  Ⓐ 토네이도
  Ⓑ 우박
  Ⓒ 뇌우
  Ⓓ supercell storms

해설 | 해당 단락은 supercell storm에 대한 내용이다. multicell line storm과는 다르게, supercell storm은 매우 격렬한 토네이도를 생성한다.

문 3 | 지시사항: 적절한 보기를 골라 관련 있는 태풍의 유형과 짝지으시오. 두 개의 보기는 제외됩니다.
  Ⓐ 매우 위험할 수 있다.
  Ⓑ 격렬한 폭풍(허리케인)을 생성한다.
  Ⓒ 때때로 틈이 있다.
  Ⓓ 자주 발생하지 않는다.
  Ⓔ 거의 힘이 없는 회오리 바람을 생성한다.
  Ⓕ 많은 홍수를 일으킨다.
  Ⓖ 약 한 시간 동안 지속된다.

해설 | multicell line storm은 한 줄로 늘어선 폭풍들을 연결하지만 폭풍 사이에 틈이 있을 수 있고Ⓒ, 토네이도의 힘은 상당히 미약하며Ⓔ, 생명주기는 한 시간 미만이다Ⓖ. supercell storms은 자주 발생하지 않지만Ⓓ 발생했을 경우 매우 위험하다Ⓐ.

Vocabulary Test
p.158

A 1. 나방 2. 성분 3. 육식 동물 4. 대륙
  5. 수평의 6. 습지대 7. 증발하다
  8. 지배적인 9. 깃털로 덮인 10. 모충

B 1. extinction 2. plump 3. approaching
  4. diversity 5. Geology

C 1. (a) 2. (d) 3. (c) 4. (c) 5. (b)

B 빈 칸에 들어갈 알맞은 말을 골라, 필요하면 고쳐 쓰시오.
  1. 현재 많은 동물들이 멸종에 직면해 있다.
  2. 사람들을 뚱뚱하다고 부르기 보다는 통통하다고 부르는 것이 더 공손하다.
  3. 그녀는 뒤에서 다가오는 발소리를 들었다.
  4. 우리는 그 그룹의 풍부한 문화적 다양성을 존중한다.
  5. 지질학은 지구의 나이를 결정하는 데 사용될 수 있다.

C 밑줄 친 어휘나 구와 의미가 가장 비슷한 것을 고르시오.
  1. 대부분의 여성들은 말랐다는 말보다는 날씬하다는 말을 듣고 싶어한다.
    (a) 가냘픈
    (b) 느린
    (c) 작은
    (d) 냄새 나는

  2. 계란을 똑바로 세우는 것은 매우 어려울 수 있다.
    (a) 가만히
    (b) 단단하게
    (c) 주의 깊게
    (d) 수직으로

  3. 수입이 낮은 사회(집단)에서 범죄가 번성하는 것은 흔한 일이다.
    (a) 떨어지다
    (b) 사라지다
    (c) 번영하다
    (d) 타다

  4. 부서지기 쉬운 물건을 보호하려면 기포가 많은 버블 랩으로 싸시오.
    (a) 몹시 성나게 하다
    (b) 약속하다
    (c) 싸다, 넣다
    (d) 꾀다, 유혹하다

  5. 파충류는 여러 가지 면에서 포유류와 다르다.
    (a) 균형을 잡다
    (b) 대조를 이루다
    (c) 진화하다
    (d) 관련 있다

Final Test
p.160 ~ p.167

정답 1. Ⓑ 2. Ⓒ 3. Ⓐ 4. Ⓓ 5. Ⓒ
  6. Ⓑ, Ⓒ, Ⓕ 7. Ⓐ 8. Ⓓ 9. Ⓒ 10. Ⓓ
  11. Ⓒ 12. Ⓐ 13. Egyptians Ⓑ, Ⓒ, Ⓖ /
  The Mayans, The Incas, The Aztecs Ⓓ, Ⓔ

해석   아폴로 13호: 운동의 법칙

우주왕복선의 운동은 300년 이상 전에 아이작 뉴턴이 발견한 물리학 원칙에 의해 설명될 수 있다. 뉴턴은 세 가지 운동법칙의 이론을 발달시켰다.

제1법칙은, 움직이고 있는 물체는 무언가가 움직이지 못하게 중지시키지 않는 한 계속해서 움직인다는 것이다. 움직이지 않는 물체는 무언가가 그것을 움직이게 하지 않는 한 가만히 있을 것이다. 제2법칙은, 물체의 질량이 클수록 물체를 움직이는 데 필요한 에너지가 크다는 것이다. 제3법칙은 모든 운동에는 같거나 정반대의 반작용이 있다는 것이다.

아폴로 13호 우주왕복선이 지구 주위의 궤도 진입에 필요한 한계 속도에 도달했을 때, 우주비행사들은 엔진의 작동을 중지시킬 수 있었다. <u>우주비행사들이 엔진의 작동을 멈췄지만 우주왕복선은 여전히 같은 속도로 계속 움직였다.</u> 우주에는 마찰력이 없기 때문에 로켓이 계속 움직일 것이다. 이것이 바로 뉴턴의 제1법칙이다.

로켓이 지구의 중력을 벗어나려면 엄청난 가속도가 필요하다. 여기에 작용하는 것이 뉴턴의 제2법칙이다. 로켓을 위로 움직이는 데 필요한 힘은 중력의 힘보다 더 커야만 한다. 로켓의 질량은 엄청나기 때문에 이를 움직이려면 막대한 양의 에너지가 필요하다.

원인과 결과의 법칙인 뉴턴의 제3법칙은 로켓이 우주에서 어떻게 움직일 수 있는지를 설명한다. 한 방향으로 밀쳐지는 기체 분자는 다른 방향으로의 반작용을 일으킨다. 이렇게 해서 우주왕복선은 기체 분자와 반대방향으로 움직이게 되고, 순차적으로 우주왕복선을 가속화시킨다.

문 1 | 두 번째 단락의 it이 가리키는 것은?
Ⓐ 법칙
Ⓑ 물체
Ⓒ 질량
Ⓓ 에너지

해설 | 뉴턴의 제1 운동법칙에 관한 설명으로, 움직이지 않는 물체는 무언가가 그것을 움직이게 하지 않는 한 가만히 있다는 내용이다. it은 움직이지 않는 물체를 가르킨다.

문 2 | 네 번째 단락의 enormous와 의미가 가장 비슷한 것은?
Ⓐ 두꺼운
Ⓑ 무거운
Ⓒ 막대한
Ⓓ 깊은

해설 | enormous는 '거대한'의 뜻이다. 로켓을 움직이는 데 커다란 양의 에너지가 필요하므로 로켓의 질량이 '크다', '거대하다'라고 유추할 수 있다.

문 3 | 저자는 운동법칙을 어떤 방식으로 설명하는가?
Ⓐ 각 법칙의 예를 듦으로써
Ⓑ 우주의 특징을 묘사함으로써
Ⓒ 세 가지 법칙을 비교함으로써
Ⓓ 중력의 영향을 정의내림으로써

해설 | 두 번째 단락에서는 제1법칙부터 제3법칙의 원리를 설명했다. 세 번째 단락에서는 지구 주위 궤도에 도착한 후에 엔진을 꺼도 계속 움직이는 우주왕복선을 제1법칙의 예로 들었고, 네 번째 단락에서는 상당한 질량의 로켓을 쏘아 올리려면 많은 양의 에너지가 필요하다는 사실을 제2법칙의 예로 들었으며, 다섯 번째 단락에서는 로켓이 우주에서 움직이는 방식을 제3법칙의 예로 들었다.

문 4 | 다음 중 뉴턴이 발견한 것으로 언급되지 않은 것은?
Ⓐ 일어난 모든 작용은 다른 작용을 일으킨다.
Ⓑ 물체는 다른 무엇에 의해 멈춰질 때까지 움직일 것이다.
Ⓒ 물체를 움직이는 데는 물체의 질량보다 더 큰 에너지가 필요하다.
Ⓓ 우주에는 물체를 정지시킬만한 마찰력이 없다.

해설 | Ⓐ는 뉴턴의 제3법칙을, Ⓑ는 제1법칙을, Ⓒ는 제2법칙을 설명하는 문항이고, Ⓓ는 뉴턴의 발견에 해당되지 않는다.

문 5 | 본문에서 아래의 문장이 삽입될 수 있는 곳을 나타내는 네 개의 [■]을 보시오.
Even though they stopped firing the engines, the shuttle still kept moving at the same speed.
문장이 들어갈 가장 적절한 곳은 어디인가? [■]을 골라 지문에 문장을 삽입하시오.
Ⓐ A   Ⓑ B   Ⓒ C   Ⓓ D

해설 | C 앞의 문장에서 우주왕복선이 지구 주위의 궤도 진입에 필요한 한계 속도에 도달하면 우주비행사가 엔진의 작동을 멈춘다고 했고, C 다음 문장에서는 엔진의 작동을 멈추어도 로켓이 계속 움직이는 것이 우주에 마찰력이 없기 때문이라고 했으므로, 엔진의 작동을 멈추어도 로켓이 계속 움직인다는 주어진 문장을 삽입하기에 적절한 곳은 C이다.

문 6 | 지시사항: 지문에 대한 간단한 요약을 위한 도입 문장이 아래에 제시된다. 가장 중요한 내용을 표현한 3가지 대답을 선택하여 요약을 완성하시오. 몇몇 문장들은 단락에서 언급되지 않았거나 중요하지 않은 내용을 표현해서 요약에 들어갈 수 없다.

아이작 뉴턴의 3가지 운동법칙은 우주왕복선이 움직이는 방식을 설명한다.

Ⓐ 뉴턴은 300년 이상 전에 3가지 운동법칙 이론을 발달시켰다.
Ⓑ 뉴튼의 첫 번째 법칙은 로켓이 엔진 없이 우주에서 움직일 수 있는 이유를 설명한다.

ⓒ 뉴튼의 두 번째 법칙은 로켓을 이륙시키기 위해 로켓의 질량보다 더 큰 힘이 필요한 이유를 설명한다.

ⓓ 우주왕복선은 매우 크고 무거워서 궤도에 진입하는 데 오랜 시간이 걸린다.

ⓔ 우주왕복선은 엔진을 계속 작동시킬 만큼 충분한 연료를 운반할 수 없기 때문에, 연료를 절약하기 위해서 뉴튼의 법칙을 사용해야 한다.

ⓕ 운동의 세 번째 법칙은 로켓이 연료를 연소시켜 추진력을 만들어 앞으로 나간다는 것을 설명한다.

해설 | 제1법칙에 따르면 움직이고 있는 물체는 움직이지 못하게 하는 힘이 없는 한 계속 움직인다. 일단 궤도에 진입한 로켓은 마찰력의 방해를 받지 않기 때문에 엔진을 꺼도 움직인다ⓑ. 제2법칙은 물체의 중량이 클수록 물체를 움직이는 데 필요한 에너지가 크다는 것으로, 로켓을 위로 쏘아 올리는 데 필요한 힘은 중력의 힘보다 크고 로켓의 질량보다 커야 한다ⓒ. 제3법칙은 모든 운동에는 같거나 정반대의 반작용이 있다는 것으로 어떻게 로켓이 우주에서 움직일 수 있는지를 설명한다ⓕ.

해석 고대 문화에 미친 천문학의 영향

많은 사람들은 천문학을 현대의 과학으로 생각하는 것 같다. 실제로 천문학은 한 군데 이상의 고대 문명에서 매우 발달해 있었다. 천문학은 그들 문화에서 주요한 역할을 담당했다. 이것의 탁월한 예가 마야인, 잉카인, 아즈텍인이다. <u>그들은 여러 가지 목적으로 천문학을 사용했지만 한 가지 특별한 용법은 공통적이었다.</u> 그들은 모두 시간을 측정하는 데 천문학을 사용했다.

마야인, 잉카인, 아즈텍인들은 모두 태양주위를 도는 지구의 궤도, 북 축과 남 축을 중심으로 도는 지구의 자전 등 천문학적인 측정을 사용해서 시간을 맞췄다. 은하계에 있는 여러 별과 행성과 더불어 지구의 정렬을 나타내는 구조물이 세워졌다. 이러한 문화는, 별자리에서부터 시간의 흐름에 이르기까지 우주의 여러 측면을 매우 정확하게 측정해냈다.

그러나 이와 견주어보면, 고대 이집트인들은 천문학에 대해 단지 보통 정도의 지식만을 소유했다. 이에 대한 부분적인 이유는 그들의 기하학이 한정되어 있어 복잡한 수학적 계산을 할 수 없었기 때문이다. 고대 이집트인들의 천문학에 대한 무관심은 그들이 알고 있던 별자리 수와 별 집단의 수가 빈약한 것에서 드러난다. 그러나 천문학은 피라미드의 위치를 정하는 데 사용되어서, 피라미드는 매우 정확하게 정렬되었다. 동쪽과 서쪽 면은 거의 정 북쪽을 향했고, 남쪽과 북쪽 면은 거의 정 서쪽을 향했다. 또한 고대 이집트인들은 달력에 천문학을 사용했는데, 달력은 그들 사회에서 매우 중대한 도구였다. 계절의 변화가 종교생활에 매우 중요했기 때문이다.

문 7 | 첫 번째 단락의 it이 가리키는 것은?
Ⓐ 천문학
Ⓑ 과학
Ⓒ 문명
Ⓓ 시간

해설 | 고대 문명에서 주요한 역할을 담당했던 것은 바로 천문학이었다.

문 8 | 본문에서 아래의 문장이 삽입될 수 있는 곳을 나타내는 네 개의 [■] 을 보시오.
They used the science of astronomy for various purposes but one particular use was common.
문장이 들어갈 가장 적절한 곳은 어디인가? [■]을 골라 지문에 문장을 삽입하시오.
Ⓐ A   Ⓑ B   Ⓒ C   Ⓓ D

해설 | 주어진 문장의 They가 가리키는 대상은 the Mayans, the Incas, the Aztecs and the ancient Egytians이다. 그들이 천문학을 시간 측정에 사용했다는 공통점을 갖는다는 내용이 Ⓓ 다음에 나오므로, 주어진 문장이 삽입되기에 적절한 곳은 Ⓓ이다.

문 9 | 세 번째 단락의 meager와 의미가 가장 비슷한 것은?
Ⓐ 혼합된
Ⓑ 부정확한
Ⓒ 드문, 희박한
Ⓓ 혼란스러운

해설 | meager는 '빈약한'의 뜻이다. 고대 이집트인들의 천문학 지식은 그다지 깊지 않았고 그들이 알고 있는 별자리 수와 별 집단의 수가 천문학에 대한 무관심을 보여준다는 내용에 따라 뜻을 유추할 수 있다.

문10 | 세 번째 단락에서 강조한 문장이 포함하고 있는 중요한 정보를 가장 잘 표현한 문장은 다음 중 어느 것인가? 의미를 바꾸거나 필요한 정보를 제외한 문장은 부정확한 답이다.
Ⓐ 고대 이집트인들에게 달력은 매우 중요한 종교적 수단이었다.
Ⓑ 천문학은 고대 이집트인들이 종교행위를 실천할 때 사용했던 중요한 종교적 도구였다.
Ⓒ 고대 이집트인들은 계절의 변화를 보여주는 달력을 만들기 위해 천문학을 사용했다.
Ⓓ 고대 이집트인들은 종교적인 목적을 위해 달력을 만드는 데 천문학을 사용했다.

해설 | 문장의 요점은, 고대 이집트인들이 계절의 변화를 나타내기 위해 달력을 작성했고, 계절의 변화가 종교생활에 매우 중요했다는 점이다. 그러므로 이 요점이 모두 포함된 문장은 Ⓓ이다.

문11 | 세 번째 단락에서 저자가 피라미드에 대해 언급한 이유는 무엇인가?
- Ⓐ 이집트에서 피라미드가 그토록 중요한 이유를 설명하려고
- Ⓑ 사람들이 건물을 지을 때 천문학이 매우 유용하다는 점을 설명하려고
- Ⓒ 천문학이 이집트 사람들에게도 여전히 중요한 목적으로 사용되었다는 점을 설명하려고
- Ⓓ 이집트인들이 어떻게 그토록 완벽하게 피라미드를 건축할 수 있었는지 설명하려고

해설 | 천문학이 고대 문명에서 매우 발달했고, 그들의 문화에 주요한 역할을 했다는 것이 본문의 주제이다. 상대적으로 천문학 지식이 부족했던 고대 이집트인조차도 피라미드를 세우고, 달력을 만드는 중요한 목적을 위해 천문학을 사용했다고 저자는 설명한다.

문12 | 마야인, 잉카인, 아즈텍인에 대해 추론할 수 있는 것은?
- Ⓐ 정확한 시간을 맞추는 것이 그들에게 매우 중요했다.
- Ⓑ 천문학은 운수를 점치기 위해 사용되었다.
- Ⓒ 그들은 당시 다른 민족들보다 시간을 맞추는 데 더 서툴렀다.
- Ⓓ 그들은 별자리 지도를 정확하게 제작하기 위해 하늘을 관찰하는 데 많은 시간을 쏟았다.

해설 | 첫 번째 단락에 천문학이 고대 마야인, 잉카인, 아즈텍인의 문화에 매우 중요한 역할을 했는데, 그들은 시간을 측정하기 위해 천문학을 사용했다고 언급되어 있다. 두 번째 단락은 이것에 대한 부연 설명으로 그들이 천문학적 측정을 통해 시간을 맞추었다는 내용에 따라 그들의 문화에서는 정확한 시간을 맞추는 것이 중요했음을 추론할 수 있다.

문13 | 지시사항: 적절한 보기를 골라 관련 있는 민족과 짝지으시오. 두 개의 보기는 제외됩니다.
- Ⓐ 다른 은하계를 발견하기 위해 천문학을 사용했다.
- Ⓑ 영적인 이유 때문에 천문학을 중요하게 생각했다.
- Ⓒ 피라미드를 지을 때 천문학을 사용했다.
- Ⓓ 지구의 움직임에 대해 많은 사실을 이해했다.
- Ⓔ 하늘에서 별의 위치에 대해 많은 것을 알았다.
- Ⓕ (해, 달의) 식이 일어나는 이유를 발견했다.
- Ⓖ 진보된 수학적 계산법을 사용할 수 없었다.

해설 | 이집트인은 피라미드의 위치를 정하고Ⓒ, 종교 생활에 매우 중요한 계절의 변화를 보여주는 달력을 만들기 위해Ⓑ 천문학을 사용했다. 또한, 그들은 상대적으로 복잡한 수학적 계산을 할 수 없었다Ⓖ. 이집트 인과 비교해서 마야인, 잉카인, 아즈텍인은 지구의 공존궤도, 지구의 자전, 여러 별자리의 존재 등 우주의 여러 측면에 대해 풍부한 지식을 소유했다Ⓓ, Ⓔ.

성공적인 학습을 위한 단계별 전략!
Development & Progress for Completion

NEXUS TOEFL® iBT

Reading

Starter

NEXUS Edu

머리말

영어를 배우는 데 있어서, 네 가지 언어 영역을 균형 있게 학습해야 할 필요성은 오랫동안 인지되어 왔다. 하지만 국내 영어 학습 현실 속에서 그런 학습을 진행하기에는 현실적 여건이 따라 주질 못했다. 먼저 말하기나 쓰기 부분의 공인된 평가가 많지 않았던 탓도 있겠지만, 현실적으로 수업시간에 활용할 수 있는 다양한 학습 모델이 많지 않았기 때문이기도 하다.

그러나 CBT 토플이 *i*BT로 바뀌어 speaking과 writing이 새롭게 추가되면서 여러 변화가 생겼다. 전반적인 문제 유형이 일차원적 문제 풀이 방식에서 벗어나 제공되는 정보를 잘 정리하여 이해하고, 이해한 내용을 다시 정리하여 표현할 수 있는 능력이 더 중요하게 되었다. 이런 능력 향상은 영어를 배울 때 암기와 반복에 의존하는 학습 방식보다는 절제된 문장 구조 속에서 "organized thoughts"를 할 수 있도록 유도하는 학습 방식을 통해 더 효과적으로 향상될 수 있다. 말하기나 쓰기의 통합적인 영역에서만 이런 능력이 필요한 것이 아니라, 독해 및 청취 영역에서도 마찬가지이다. 문제에 근거한 내용만을 맞히는 것이 아니라, 문단 간의 정보 관계를 전체적으로(global understanding) 훑을 수 있는 훈련이 되어야 한다. 따라서 토플을 단기간에 한 권으로 끝을 내려한다거나 한 학기의 강의 수업 방식으로 짧은 시간에 높은 성적을 올리기에 급급하기보다는 위와 같은 학습 방식에 초점을 맞춰 체계적인 계획을 가지고 접근하게 되면, 토플 성적 이외에도 전반적인 영어 실력을 키워갈 수 있으리라 생각된다.

넥서스 토플은 전반적으로 위와 같은 취지로 기획되었다. 다시 말해, 각 단원마다 주어진 스킬만 배우고 끝내는 것이 아니라 앞서 학습한 스킬을 다시 반복학습할 수 있게 하고, 지문을 통합적으로 활용하며, "speed reading" 같은 짧은 시간 안에 정보의 구조를 파악하는 능력을 훈련할 수 있도록 구성하였다.

짧은 시간에 점수를 올리려는 전략적인 학습 방식을 선호하기보다는 체계적인 학습 계획과 그에 맞는 적절한 교재를 활용하여 토플 점수 향상 이외에도 영어로 생각하고 정리하는 표현 기술을 잘 연마할 수 있도록 학습하는 데 있어 이 교재가 많은 도움이 되기를 바란다.

| 넥서스영어교육연구소 |

이 책의 구성

1 지문을 분석, 정리하는 학습 훈련 강조
- 독해 지문의 "Global understanding" 능력을 향상시키기 위해 지문의 구조, 전개 방식, 문단 간의 관계, 주제, 요지 학습 등의 기본 학습 장치를 단계별로 구성

2 학습스킬의 체계적인 구성
- 새롭게 바뀌는 iBT Reading Section에 나오는 질문 유형을 철저히 분석하고, 질문 유형이 요구하는 기본적인 strategies를 바탕으로 reading skill을 체계적으로 습득할 수 있도록 구성

3 다양한 테마의 독해 지문 및 관련 어휘학습
- 토플에 자주 쓰이는 테마와 관련된 어휘 학습 강조 (동의어, 어휘 해석, 영작)

4 중요한 리딩 스킬의 누적 활용
- 앞서 학습한 스킬을 반복적으로 노출시켜 학습 효과 강화

5 iBT실전에 맞춘 단계별 연습 문제
- Exercise, Practice, Final Test 등 다양한 실전 연습 문제 수록

이 책의 구성

Overview

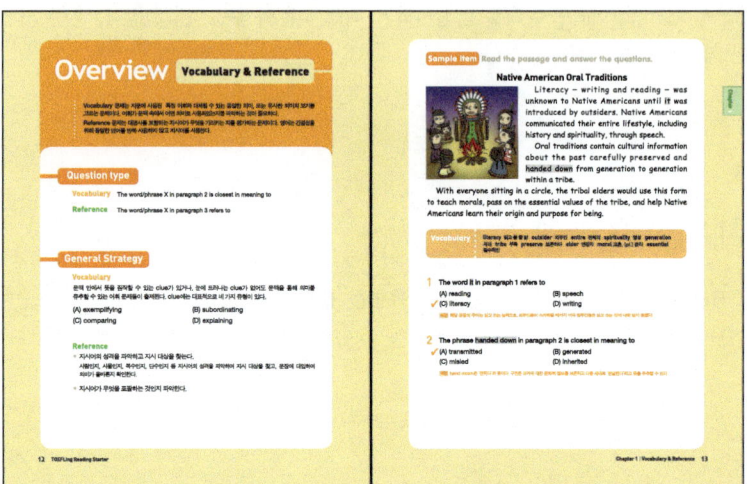

본격적인 학습에 들어가기 전, 학습할 질문 유형이 요하는 기술을 미리 접할 수 있는 Sample Item을 제시하였다.

Exercise

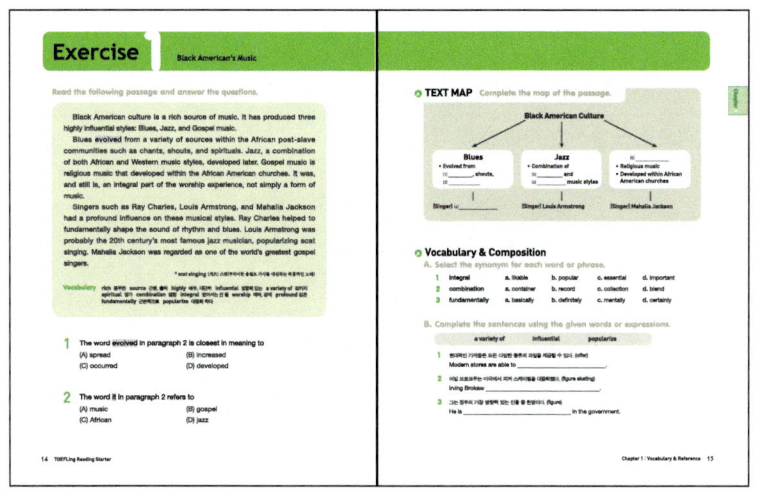

Overview에서 접한 기술을 실질적으로 문제를 풀면서 체득할 수 있도록 하였다. 학습 목표인 기술을 습득할 수 있을 뿐 아니라, 지문의 구조를 파악할 수 있는 Text Map, 어휘력을 향상시키고 배운 어휘를 응용하여 작문 연습을 할 수 있는 Vocabulary & Composition 장치를 마련하였다.

Speed Reading

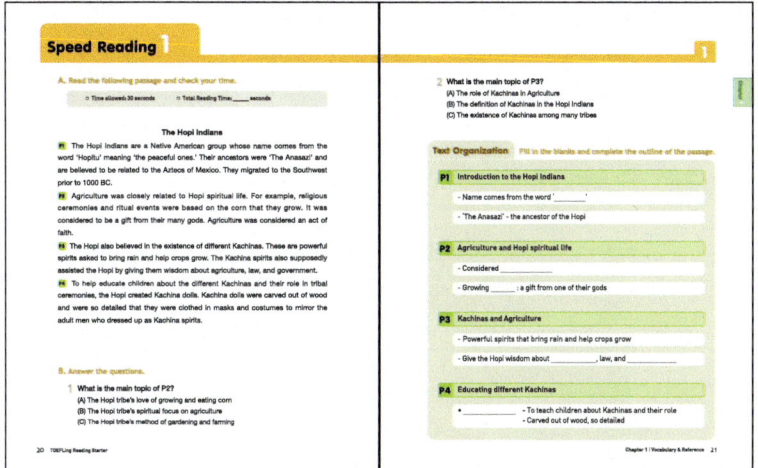

긴 지문을 빠른 시간 내에 소화해야 하는 실전 토플에 대한 대비로 속독 훈련 장치를 마련하였다.

Practice

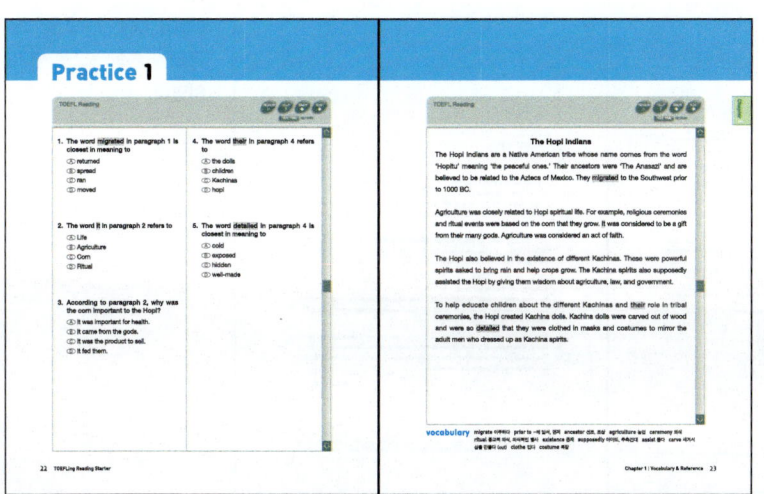

테스트 화면과 유사한 페이지에서 학습한 기술을 풀어 볼 수 있도록 하였다. 학습한 기술들이 누적, 반복 되도록 하였다.

Vocabulary Test

해당 chapter에서 학습한 어휘와 어구를 review할 수 있게 하였다.

Final Test

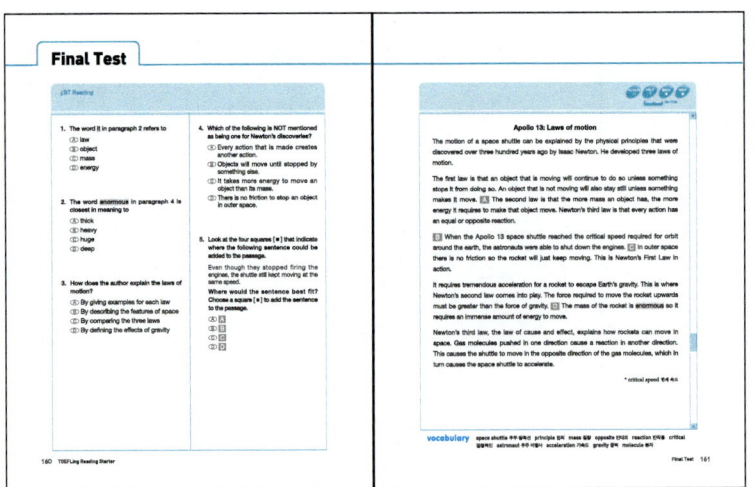

chapter 1~8을 아우르는 모든 기술을 종합적으로 평가할 수 있도록 하였다.

Introduction to *i*BT TOEFL

CHAPTER 1 Vocabulary / Reference America • 11

CHAPTER 2 Details Archeology & Anthropology • 29

CHAPTER 3 Sentence Simplification Music & Art & Literature • 47

CHAPTER 4 Rhetorical Purpose Zoology & Botany • 65

CHAPTER 5 Insertion Technology & Astronomy • 83

CHAPTER 6 Inference Education • 101

CHAPTER 7 Prose Summary Medical Science & Environment • 119

CHAPTER 8 Schematic Table Science • 141

Final Test • 159

Introduction to *i*BT TOEFL

*i*BT(Internet-based Test) TOEFL이란?

*i*BT는 Internet-based Test의 약자로 인터넷을 통해 시험을 치르게 하는 차세대 토플이다. 기존의 CBT가 미국으로 유학 오는 외국 학생들의 실제 영어구사능력을 제대로 측정하지 못한다는 비판에 대한 대안으로 새롭게 만들어졌으며 특히 말하기 능력에 대한 평가를 요구하는 미국 대학들의 요청에 따라 Speaking Section을 신설했다. 기존 CBT와는 달리 언어영역간의 통합을 접목시킨 것이 특징이며 학생들이 얼마나 빠르게, 제대로 미국 대학 생활에 적응해 갈 수 있을지에 대한 지표를 대학에 제공해 준다.

미국에서는 2005년 9월부터 시작되었고, 한국에서는 2006년 6월부터 실시되며, *i*BT가 실시되면 기존의 CBT 방식으로는 더 이상 시험이 치러지지 않는다.

CBT에서 *i*BT는 어떻게 달라졌나?

	CBT	*i*BT
Skills Test	Reading Listening Grammar * Writing은 별도	Reading Listening Writing Speaking
Test time	3.5 hours	4 hours
Reading	4~5 지문 (250~350 words) 각 지문당 11개 문제 (시간 70~90분)	3~5 지문 (700 words) 각 지문당 12~14개 문제 (시간 60~100 분)

Listening	1. 11~17개 대화
	   (각 지문당 1개의 질문)
	2. 2~3개 짧은 대화
	   (각 지문당 2~3개의 질문)
	3. 4~6개 미니 강의와 토론
	   (각각 3~6 개 문제)
	(시간 40~60분)
		1. 4~6개의 강의 및 교실토론
		   (각 지문당 5~6개의 질문)
		2. 2~3개의 대화
		   (각 5~6개의 질문)
		(시간 60~100분)

Speaking	없음	1. 2개의 independent tasks
		   일반 토픽에 대한 개인의 의견 발표
		2. 4개의 integrated tasks
		   읽고 들었던 것을 근거하여 말하기
		(시간 20분)

Writing	**One independent task**
	토픽에 대한 의견을 개진하기
	(시간 30분)
		1. **1개의 integrated task**
		  읽고 들은 내용에 근거하여 쓰기
		  (20분)
		2. **1개의 independent task**
		  토픽에 대한 의견을 개진하기 (30분)

Structure (Grammar)	20~25개의 문제 (시간 15~20분)	없음
전체 점수	300	120
피드백	점수만 제공	Section별 점수와 총점제공

*i*BT 시험 유형 세부 분석

*i*BT의 전체 시험 구성과 문항 수, 제한 시간은 다음과 같다.

Section	지문종류	지문	새로 추가된 종류
Reading		3~5 지문 (각 지문 당 12~14문제)	- 전문용어를 설명하는 Glossary - Multiple focus 정보를 분류하거나 summary를 완성하는 문제 추가
Listening	Lecture	4~6 지문 (각 지문 당 6문제)	- Replay 문제 추가 - note-taking 허락
	Conversation	2~3 지문 (각 지문 당 5문제)	
Break		10분	
Speaking	Speaking	2문제	경험 또는 의견 말하기
	Reading → Listening →Speaking	2문제	- 제시된 안건을 읽고 그 안건에 대한 강의를 듣고 정리해서 말하기 - 제시된 안건을 읽고 안건에 대한 대화를 듣고 정리해서 말하기
	Listening →Speaking	2문제	- 강의를 듣고 요약하여 말하기 - 대화를 듣고 요약해서 말하기
Writing	Writing on topic	1개의 토픽	제시된 안건에 대한 의견 쓰기
	Reading → Listening → Writing	1개의 토픽	읽고 들은 내용에 근거하여 요점을 정리하여 논리적으로 쓰기

iBT Total Score Range Comparisons

Internet-Based Total	Computer-Based Total	Percentile Rank
111 - 120	273 - 300	97.6 - 100
96 - 110	243 - 270	85.9 - 96.8
79 - 95	213 - 240	64.8 - 85.0
65 - 78	183 - 210	45.6 - 63.6
53 - 64	153 - 180	29.9 - 44.3
41 - 52	123 - 150	16.7 - 28.6
30 - 40	93 - 120	7.4 - 15.8
19 - 29	63 - 90	1.7 - 6.5
9 - 18	33 - 60	0.1 - 1.2
0 - 8	0 - 30	0.04

iBT Reading Section의 구성

- **문제 유형으로 본 Reading Section에서 요하는 Reading Skills**

  ### 1. Basic Comprehension Questions
  - 핵심 내용 또는 중요한 정보를 지문 내에서 빨리 효과적으로 찾아내는 능력
  - 주제 또는 요지, 중요한 사실과 세부 내용, 문맥상의 어휘의 뜻, 지시어가 지칭하는 것이 무엇인지 파악하는 능력
  - 복잡한 문법 구조를 가진 긴 문장의 해당 핵심 내용을 파악하는 능력

  ### 2. Inferencing Reading Questions
  - 특정 소재를 언급한 작가의 의도, 특정 소재가 단락/지문 내에서 하는 역할, 작가의 주장을 전개해나가는 글의 구조를 파악할 줄 아는 능력
  - 글의 논리적 전개에 따라 특정 문장을 올바르게 삽입하여 글의 유기적 통일성을 완성하는 능력
  - 암시되어 있는 내용이 무엇인지 유추하는 능력

  ### 3. Reading to Learn Questions
  - 지문의 전체적인 구조와 단락간의 관계를 인식하는 능력
  - 지문 내에 표출되는 여러 내용 간의 관계를 이해하는 능력(접속사의 역할을 제대로 이해하는 것이 요)
  - 주어진 여러 개의 정보를 올바르게 분류하는 능력
  - 지문 내의 중요한 정보와 핵심적인 세부 사항을 기억하여 간략히 요약할 줄 아는 능력

· Reading section의 형식과 특징

지문 길이	지문 수와 문제 수	시간
600~700단어	3-5개 지문 지문 당 12~14개 문제	60~100분

1. 각 지문마다 제목이 제시되기 때문에 main topic 고르는 문제는 출제되지 않는다. main idea 구하는 문제도 출제되지 않을 확률이 높음.

2. 새로운 문제 유형이 생겨났다.

    ▶ **Prose Summary** : introductory sentence를 제시해주고, 지문을 잘 요약할 수 있는 문장 3개를 6개의 보기 안에서 드래그하여 완성하기(부분 점수 있음)

    ▶ **Schematic Table** : 지문에 제시되는 두 개의 대상에 대해 맞는 이야기를 하는 phrases를 올바르게 분류하여 차트 완성하기. 7개에서 5개 고르는 유형(2개는 지문에 언급되지 않는 내용)과 9개에서 7개 고르는 유형(2개는 지문에 언급되지 않는 내용)이 있음. 지문 전체의 구조와 세부 내용 간의 관계를 이해할 필요가 있음.(부분 점수 있음)

    ▶ **Sentence Simplification** : 지문에 하이라이트된 문장의 핵심 정보를 가장 적절히 paraphrase한 문장 고르기. 처리해야하는 문장이 문법적으로 복잡한 구조를 가지고 있다는 것이 특징임.

    ▶ **Rhetorical Purpose** : 단어 또는 소개하는 내용이 갖는 수사학적인 목적을 파악하는 문제. 저자가 어떤 의도 및 목적으로 그 단어 또는 내용을 사용하는 지를 이해해야 함.

3. CBT에 없는 새로운 기능이 첨가되었다.

    ▶ **Glossary** : 지문에 파란색으로 밑줄 그어진 단어를 클릭하면 그 단어에 대한 영문 설명이 나오는 팝업창 뜸.

    ▶ **Review** : 문항에 대한 응답 상태를 확인할 수 있고, Go To Question 아이콘들을 이용하여 Review 화면에서 미응답 문제로 바로 이동 가능.

4. 기타

    ▶ 문제 배점은 대부분 1점씩, Prose Summary와 Schematic Table 문제에는 2~4점이 주어짐.
    ▶ 한 지문 내에 Prose Summary 문제와 Schematic Table 문제가 동시에 출제되지 않음.

Chapter 01

VOCABULARY & REFERENCE

AMERICA

Overview — Vocabulary & Reference

Vocabulary 문제는 지문에 사용된 특정 어휘와 대체될 수 있는 동일한 의미, 또는 유사한 의미의 보기를 고르는 문제이다. 어휘가 문맥 속에서 어떤 의미로 사용되었는지를 파악하는 것이 중요하다.

Reference 문제는 대명사를 포함하는 지시어가 무엇을 가리키는 지를 평가하는 문제이다. 영어는 간결성을 위해 동일한 단어를 반복 사용하지 않고 지시어를 사용한다.

Question type

Vocabulary The word/phrase X in paragraph 2 is closest in meaning to

Reference The word/phrase X in paragraph 3 refers to

General Strategy

Vocabulary

문맥 안에서 뜻을 짐작할 수 있는 clue가 있거나, 눈에 드러나는 clue가 없어도 문맥을 통해 의미를 유추할 수 있는 어휘 문제들이 출제된다. clue에는 대표적으로 네 가지 유형이 있다.

(A) exemplifying (B) subordinating
(C) comparing (D) explaining

Reference

- 지시어의 성격을 파악하고 지시 대상을 찾는다.
  사람인지, 사물인지, 복수인지, 단수인지 등 지시어의 성격을 파악하여 지시 대상을 찾고, 문장에 대입하여 의미가 올바른지 확인한다.
- 지시어가 무엇을 포괄하는 것인지 파악한다.

Sample Item Read the passage and answer the questions.

Native American Oral Traditions

Literacy – writing and reading – was unknown to Native Americans until it was introduced by outsiders. Native Americans communicated their entire lifestyle, including history and spirituality, through speech.

Oral traditions contain cultural information about the past carefully preserved and handed down from generation to generation within a tribe.

With everyone sitting in a circle, the tribal elders would use this form to teach morals, pass on the essential values of the tribe, and help Native Americans learn their origin and purpose for being.

Vocabulary literacy 읽고 쓸 줄 앎 outsider 외부인 entire 전체의 spirituality 영성 generation 세대 tribe 부족 preserve 보존하다 elder 연장자 moral 교훈, [pl.] 윤리 essential 필수적인

1 The word **it** in paragraph 1 refers to

(A) reading (B) speech
✓(C) literacy (D) writing

해설 해당 문장의 주어는 읽고 쓰는 능력으로, 외부인들이 소개해줄 때까지 미국 원주민들은 읽고 쓰는 것에 대해 알지 못했다.

2 The phrase **handed down** in paragraph 2 is closest in meaning to

✓(A) transmitted (B) generated
(C) misled (D) inherited

해설 hand down은 '전하다'의 뜻이다. 구전은 과거에 대한 문화적 정보를 보존하고 다음 세대로 '전달한다'라고 뜻을 유추할 수 있다.

Exercise 1

Black American's Music

Read the following passage and answer the questions.

Black American culture is a rich source of music. It has produced three highly influential styles: Blues, Jazz, and Gospel music.

Blues evolved from a variety of sources within the African post-slave communities such as chants, shouts, and spirituals. Jazz, a combination of both African and Western music styles, developed later. Gospel music is religious music that developed within the African American churches. It was, and still is, an integral part of the worship experience, not simply a form of music.

Singers such as Ray Charles, Louis Armstrong, and Mahalia Jackson had a profound influence on these musical styles. Ray Charles helped to fundamentally shape the sound of rhythm and blues. Louis Armstrong was probably the 20th century's most famous jazz musician, popularizing scat singing. Mahalia Jackson was regarded as one of the world's greatest gospel singers.

* scat singing [재즈] 스캣(무의미한 음절로 가사를 대신하는 즉흥적인 노래)

Vocabulary rich 풍부한 source 근원, 출처 highly 매우, 대단히 influential 영향력 있는 a variety of 갖가지
spiritual 영가 combination 결합 integral 없어서는 안 될 worship 예배, 경배 profound 깊은
fundamentally 근본적으로 popularize 대중화 하다

1 The word evolved in paragraph 2 is closest in meaning to
(A) spread
(B) increased
(C) occurred
(D) developed

2 The word it in paragraph 2 refers to
(A) music
(B) gospel
(C) African
(D) jazz

TEXT MAP   Complete the map of the passage.

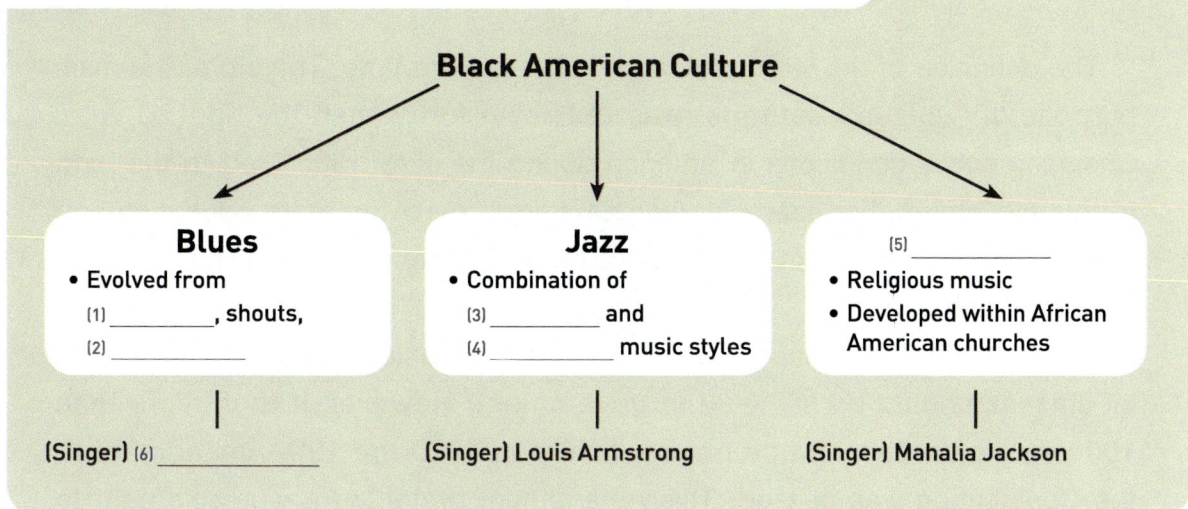

Vocabulary & Composition

A. Select the synonym for each word or phrase.

1 integral   a. likable   b. popular   c. essential   d. important
2 combination   a. container   b. record   c. collection   d. blend
3 fundamentally a. basically   b. definitely   c. mentally   d. certainly

B. Complete the sentences using the given words or expressions.

| a variety of | influential | popularize |

1 현대적인 가게들은 모든 다양한 종류의 과일을 제공할 수 있다. (offer)
   Modern stores are able to _____.

2 어빙 브로코우는 미국에서 피켜 스케이팅을 대중화했다. (figure skating)
   Irving Brokaw _____.

3 그는 정부의 가장 영향력 있는 인물 중 한명이다. (figure)
   He is _____ in the government.

Exercise 2
Women's Suffrage Movement

Read the following passage and answer the questions.

The definition of the word 'suffrage' is the right to vote. Therefore, the main purpose of 'women's suffrage' was obtaining for women the right to vote. Changing social conditions in America during the early 1800's led to the birth of this movement. For example, women started receiving more education and were active in government reform. As a result, women started asking why they could not vote.

In the mid-1700's, many men in leadership positions began thinking that all citizens should be involved in government. However, it took more than 100 years of political battle before, finally, in 1920 the 19th Amendment to the Constitution was passed. This Amendment protected a woman's right to vote, saying that the sex of a person can never be used as a reason to deny them the right to vote.

* Amendment to the Constitution 헌법 개정

Vocabulary definition 정의 suffrage 투표, 참정권 right 권리 vote 투표하다 reform 개혁 as a result 그 결과 citizen 시민, 국민 political 정치적인 protect 보호하다 deny 부정하다, 거절하다

1 The word **obtaining** in paragraph 1 is closest in meaning to
(A) providing
(B) removing
(C) selling
(D) getting

2 The phrase **involved in** in paragraph 2 is closest in meaning to
(A) working in
(B) listening in
(C) participating in
(D) hiding in

3 The word **them** in paragraph 2 refers to
(A) leaders
(B) women
(C) men
(D) committee

TEXT MAP Complete the map of the passage.

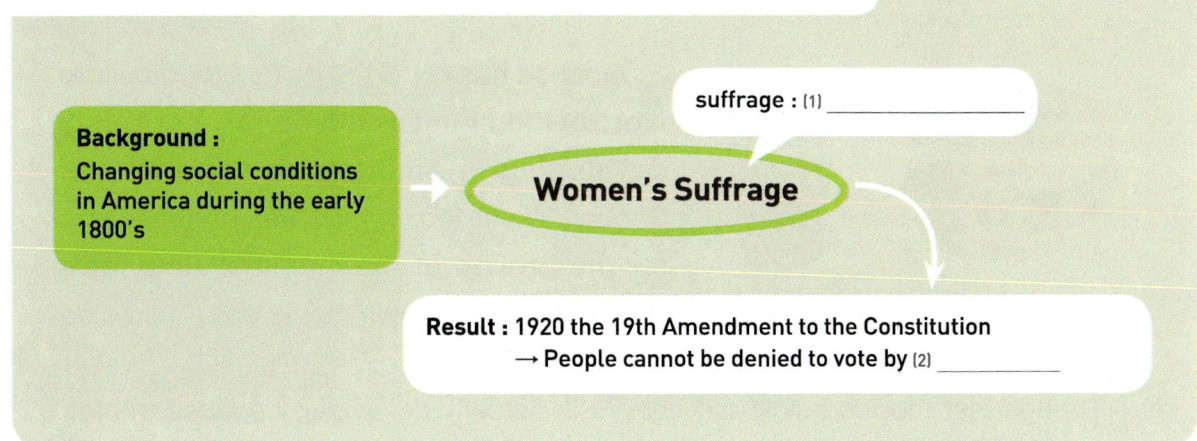

Vocabulary & Composition

A. Select the synonym for each word or phrase.

1 definition   a. rejection   b. meaning   c. evidence   d. outline

2 protect   a. endanger   b. connect   c. defend   d. invest

3 deny   a. tell   b. give   c. refuse   d. hide

B. Complete the sentences using the given words or expressions.

citizen	vote	political

1 그녀는 미국인과 결혼하여 미국 시민이 되었다.
_____.

2 나라의 정치적 안정은 매우 중요하다. (stability)
_____ in a country.

3 나는 그 남자에게 투표하지 않았는데 그가 당선되었다. (elect)
_____.

Exercise 3

America's Industry - Fast Food

Read the following passage and answer the questions.

America has exported its fast food culture worldwide. Fast food began seriously developing in America shortly after the Second World War, which was an ideal time for the growth of the industry. America's economy was struggling; people were looking for cheap, quick, easy meals so they could spend more time at work.

Though fast food is quick and easy, it is actually not cheap because the fat, sugars, and chemicals it contains can cause many health problems. Compared with traditional meals, it is not a genuine saving when these increases in health costs are recognized.

Not only health has suffered, but social structure as well. Many independent farmers and butchers have been replaced by larger companies. This made communities less cohesive – no longer a connected network of individuals, but instead impersonal big business. The problems caused by fast food are now an international issue affecting almost all countries.

Vocabulary export 수출하다 ideal 이상적인 struggle 분투하다, 몸부림치다 genuine 참된 recognize 인식하다 social structure 사회 구조 independent 독립적인, 제 힘으로 살아가는 (*independent farmer 자작농) butcher 푸주한 replace 대신하다 cohesive 결합력 있는, 밀착하는 connected 결합된 individual 개인 impersonal 비인격적인

1 The word **it** in paragraph 2 refers to

(A) dessert (B) fat
(C) fast food (D) meal

2 The word **cohesive** in paragraph 3 is closest in meaning to

(A) attached (B) developed
(C) successful (D) determined

TEXT MAP Complete the map of the passage.

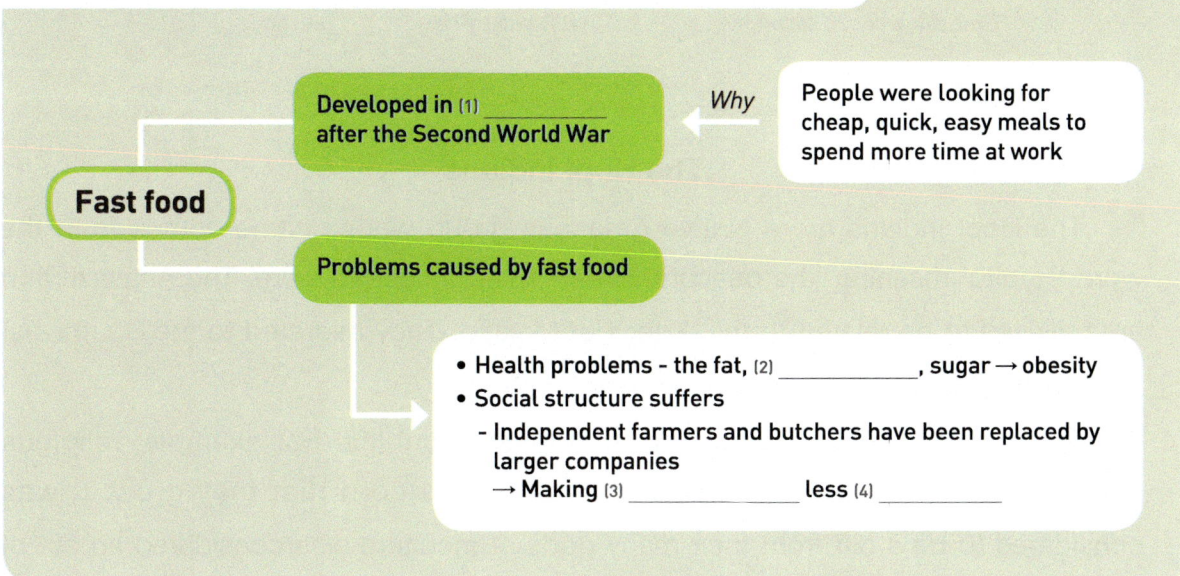

Vocabulary & Composition

A. Select the synonym for each word or phrase.

1. genuine   a. real   b. safe   c. new   d. fake
2. struggle   a. pull   b. push   c. wriggle   d. try
3. independent   a. self-absorbed b. self-reliant c. alone   d. unknown

B. Complete the sentences using the given words or expressions.

| suffer | replace | export |

1. 부러진 이를 의치로 대신할 수 있다. (false)
   We can _____.

2. 견디기에는 너무 춥기에, 노인들은 겨울에 많이 고통 받는다. (the elderly / bear)
   _____ in winter because _____.

3. 우리 회사는 다른 나라로 인삼을 수출하고 있다. (ginseng)
   My company has _____.

Speed Reading 1

A. Read the following passage and check your time.

☐ Time allowed: 30 seconds   ☐ Total Reading Time: _____ seconds

The Hopi Indians

P1 The Hopi Indians are a Native American group whose name comes from the word 'Hopitu' meaning 'the peaceful ones.' Their ancestors were 'The Anasazi' and are believed to be related to the Aztecs of Mexico. They migrated to the Southwest prior to 1000 BC.

P2 Agriculture was closely related to Hopi spiritual life. For example, religious ceremonies and ritual events were based on the corn that they grow. It was considered to be a gift from their many gods. Agriculture was considered an act of faith.

P3 The Hopi also believed in the existence of different Kachinas. These are powerful spirits asked to bring rain and help crops grow. The Kachina spirits also supposedly assisted the Hopi by giving them wisdom about agriculture, law, and government.

P4 To help educate children about the different Kachinas and their role in tribal ceremonies, the Hopi created Kachina dolls. Kachina dolls were carved out of wood and were so detailed that they were clothed in masks and costumes to mirror the adult men who dressed up as Kachina spirits.

B. Answer the questions.

1. What is the main topic of P2?
   (A) The Hopi tribe's love of growing and eating corn
   (B) The Hopi tribe's spiritual focus on agriculture
   (C) The Hopi tribe's method of gardening and farming

2 What is the main topic of P3?

(A) The role of Kachinas in Agriculture

(B) The definition of Kachinas in the Hopi Indians

(C) The existence of Kachinas among many tribes

Text Organization
Fill in the blanks and complete the outline of the passage.

P1 Introduction to the Hopi Indians

- Name comes from the word '_____'

- 'The Anasazi' - the ancestor of the Hopi

P2 Agriculture and Hopi spiritual life

- Considered _____

- Growing _____ : a gift from one of their gods

P3 Kachinas and Agriculture

- Powerful spirits that bring rain and help crops grow

- Give the Hopi wisdom about _____, law, and _____

P4 Educating different Kachinas

- _____ - To teach children about Kachinas and their role
- Carved out of wood, so detailed

Practice 1

TOEFL Reading

1. The word migrated in paragraph 1 is closest in meaning to
   - Ⓐ returned
   - Ⓑ spread
   - Ⓒ ran
   - Ⓓ moved

2. The word It in paragraph 2 refers to
   - Ⓐ Life
   - Ⓑ Agriculture
   - Ⓒ Corn
   - Ⓓ Ritual

3. According to paragraph 2, why was the corn important to the Hopi?
   - Ⓐ It was important for health.
   - Ⓑ It came from the gods.
   - Ⓒ It was the product to sell.
   - Ⓓ It fed them.

4. The word their in paragraph 4 refers to
   - Ⓐ the dolls
   - Ⓑ children
   - Ⓒ Kachinas
   - Ⓓ hopi

5. The word detailed in paragraph 4 is closest in meaning to
   - Ⓐ cold
   - Ⓑ exposed
   - Ⓒ hidden
   - Ⓓ well-made

The Hopi Indians

The Hopi Indians are a Native American tribe whose name comes from the word 'Hopitu' meaning 'the peaceful ones.' Their ancestors were 'The Anasazi' and are believed to be related to the Aztecs of Mexico. They migrated to the Southwest prior to 1000 BC.

Agriculture was closely related to Hopi spiritual life. For example, religious ceremonies and ritual events were based on the corn that they grow. It was considered to be a gift from their many gods. Agriculture was considered an act of faith.

The Hopi also believed in the existence of different Kachinas. These were powerful spirits asked to bring rain and help crops grow. The Kachina spirits also supposedly assisted the Hopi by giving them wisdom about agriculture, law, and government.

To help educate children about the different Kachinas and their role in tribal ceremonies, the Hopi created Kachina dolls. Kachina dolls were carved out of wood and were so detailed that they were clothed in masks and costumes to mirror the adult men who dressed up as Kachina spirits.

vocabulary migrate 이주하다　prior to ~에 앞서, 먼저　ancestor 선조, 조상　agriculture 농업　ceremony 의식　ritual 종교적 의식, 의식적인 행사　existence 존재　supposedly 아마도, 추측건대　assist 돕다　carve 새겨서 상을 만들다 (out)　clothe 입다　costume 복장

Speed Reading 2

A. Read the following passage and check your time.

☐ Time allowed: 30 seconds   ☐ Total Reading Time: _____ seconds

Carl Sandburg

P1 There are many well known American poets, but few were like Carl Sandburg. He was said to be the voice of the common people. Sandburg obtained most of his inspiration from the average person. Through his free and clear style of writing, he represented their ideals.

P2 The city of Chicago was another of Sandburg's great inspirational sources. For example, the poem 'Chicago' celebrates the working class. Writing in language easily understood, Sandburg wrote for the masses. Avoiding obscure mythological and religious references, he wrote as the common people speak. In this poem, he describes the positive and negative points of the Chicago people, their work and their lives. He claims throughout that the positive far outweighs the negative.

P3 Sandburg consistently demonstrated his great love for the common person. He did not idealize them, but was balanced in his view. He observed that good and evil exists at all levels of society and clearly communicated those observations through his poetry and other writings.

B. Answer the questions.

1 What is the purpose of P2?

(A) Providing a contrasting perspective to P1
(B) Providing a background explanation
(C) Providing an additional information to P1

2 What is the main subject of P3?

(A) The good and evil of common people

(B) Sandburg's love for common people

(C) Sandburg's reason for writing poetry

Text Organization
Fill in the blanks and complete the outline of the passage.

P1 Carl Sandburg and the main source of his inspiration

- Considered _____.

- Free and clear style of writing

P2 Another of Sandburg's inspirational sources

- The city of Chicago → 'Chicago'

- Wrote the poem in plain language

- Describes the _____ and _____ points of the Chicago people

P3 Sandburg's balanced love for common people

- Did not idealize common people

- Observed that _____ and _____ exists at _____
 → Expressed in his poetry

Practice 2

TOEFL Reading

1. The word their in paragraph 1 refers to
   - Ⓐ American poets
   - Ⓑ free style of writings
   - Ⓒ common people
   - Ⓓ inspirational sources

2. The word obscure in paragraph 2 is closest in meaning to
   - Ⓐ vivid
   - Ⓑ unclear
   - Ⓒ quiet
   - Ⓓ inadequate

3. The word their in paragraph 2 refers to
   - Ⓐ the Chicago people
   - Ⓑ common people
   - Ⓒ the masses
   - Ⓓ religious references

4. The word communicated in paragraph 3 is closest in meaning to
   - Ⓐ obtained
   - Ⓑ forgot
   - Ⓒ supported
   - Ⓓ expressed

5. What is Carl Sandburg's greatest source of inspiration?
   - Ⓐ The city of Chicago
   - Ⓑ The Chicago churches
   - Ⓒ The ordinary people
   - Ⓓ The power of good and evil

Carl Sandburg

There are many well known American poets, but few were like Carl Sandburg. He was said to be 'the voice of the common people.' Sandburg obtained most of his inspiration from the average person. Through his free and clear style of writing, he represented their ideals.

The city of Chicago was another of Sandburg's great inspirational sources. For example, the poem 'Chicago' celebrates the working class. Writing in language easily understood, Sandburg wrote for the masses. Avoiding obscure mythological and religious references, he wrote as the common people speak. In this poem, he describes the positive and negative points of the Chicago people, their work and their lives. He claims throughout that the positive far outweighs the negative.

Sandburg consistently demonstrated his great love for the common person. He did not idealize them, but was balanced in his view. He observed that good and evil exists at all levels of society and clearly communicated those observations through his poetry and other writings.

vocabulary well known 유명한, 잘 알려진 inspiration 영감 average 보통의 represent 나타내다, 의미하다 the mass 군중, 대중 avoid 피하다 mythological 신화적인 reference 언급 outweigh 능가하다 negative 부정적인 consistently 지속적으로 demonstrate 증명하다 idealize 이상화하다 evil 악 poetry 시

Vocabulary Test

A Write the meaning of each word or expression.

1. literacy _____
2. essential _____
3. integral _____
4. fundamentally _____
5. citizen _____
6. export _____
7. impersonal _____
8. avoid _____
9. profound _____
10. agriculture _____

B Fill in the blanks with the appropriate word or phrase. Change the form if needed.

| well known | preserve | idealize | prior to | migrate |

1. Ice and salt can both be used to _____ meat.
2. Charles is _____ for his great book about a panda.
3. Every winter, many birds _____ south.
4. _____ exams, it is a good idea to study.
5. Many people want to _____ movie stars.

C Choose the closest meaning of each underlined word or phrase.

1. In some countries entire rain forests have been cut down for farming.
    (a) wild   (b) large   (c) whole   (d) tired

2. The super hero is normally identified by his costume.
    (a) power   (b) clothing   (c) actions   (d) purpose

3. All artists need a source of inspiration.
    (a) discipline   (b) money   (c) support   (d) influence

4. Her ancestors came to America two hundred years ago.
    (a) forefathers   (b) descendants   (c) colleagues   (d) supervisors

5. Belief in life after death can only be based on faith because there is no proof.
    (a) refused   (b) protected   (c) developed   (d) founded

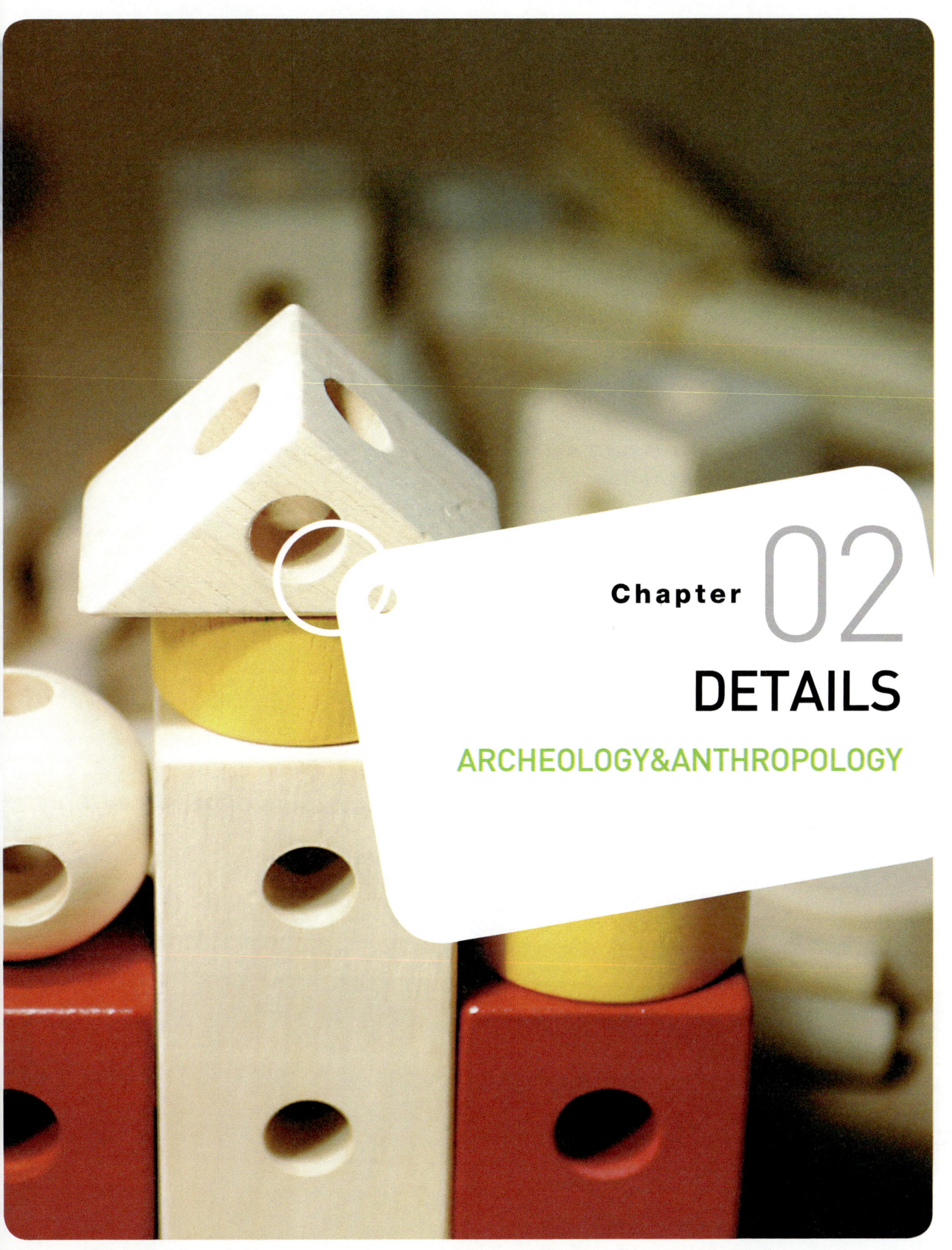

Chapter 02
DETAILS
ARCHEOLOGY&ANTHROPOLOGY

Overview

Details

Details란 지문에서 언급하는 내용에 대한 세부 설명들이다. 질문은 지문에 대한 '사실' 또는 '거짓'을 묻거나 '이유', '원인', '결과', '대상' 등에 대한 세부적인 내용을 묻는다.

Question type

True/False를 묻는 문제

- According to paragraph X, which of the following is true about Y ~?
- According to the passage, which of the following is true?
- Which of the following is NOT mentioned as X?

Details를 묻는 문제

- According to passage 2, why/who/what/how ...?
- Which of the following best describes X?

General Strategy

- **Factual information questions**는 문제에서 묻고 있는 단어 또는 동의어가 나온 부분을 지문에서 찾아 그 주변의 내용을 꼼꼼히 읽는다.
  보기는 지문에 나온 그대로 쓰여져 있지 않고 대부분의 경우 **paraphrase** 되어 있다.

- **Negative facts questions**는 넓은 범위에 걸쳐 내용을 파악해야 한다.
  지문에서 언급된 사실을 과장하거나 잘못 말하고 있는 오답들에 주의한다.

Sample Item Read the passage and answer the question.

Greek Architecture

The ancient Greeks liked their buildings to look well-balanced, and they used columns to give the impression of greatness. Greek architecture used three different styles of columns: Doric, Ionic, and Corinthian. Today we can still see examples of Greek architecture in modern buildings. Many buildings today use Greek style columns. A good example of this is The White House with its Post and Lintel pillars leading up to the entrance. Many classical looking homes and even some modern ones often use Greek style columns to give the buildings a majestic and historic feeling.

* The White House 백악관
* lintel 상인방(창, 입구 등의 위쪽 가로대)

Doric

Ionic

Corinthian

Vocabulary well-balanced 균형 잡힌 column 기둥 impression 인상 architecture 건축, 건축 양식 pillar 기둥 entrance 입구, 현관 majestic 위엄 있는, 장엄한

1. Why do some modern buildings use Greek columns?
   (A) To impress Greek people
   (B) To balance entrances
   (C) To look like the White House
   ✓ (D) To add a magnificent feeling

해설 마지막 문장을 보면 건물에 그리스 건축 양식을 사용하는 이유는 건물에 웅장하고 역사적인 느낌을 주기 위해서이다.

Exercise 1

Ancient Egyptian Marriages

Read the following passage and answer the questions.

Ancient Egyptian women enjoyed greater rights than most women at that time. One reason was because marriage was based on commercial not religious foundations. Women signed property not marriage contracts.

Women dealt in property, conducted lawsuits, and could get an education. They had a lot of freedom. Though responsible for the home, they could still seek work outside. Some attended professional schools to become doctors, others worked as musicians, or operated home businesses.

Thus, though ancient Egyptian women were still not considered to be as equal to men, they were better off than many other women at the time. Their ability to develop wealth and own land led to a lot of marriages between relatives. This was done to stop assets leaving the family.

Vocabulary ancient 고대의 commercial 상업적인, 영리적인 foundation 기반, 토대 property 토지 deal in 취급하다 conduct 수행하다, 처리하다 lawsuit 소송, 고소 responsible 책임이 있는 seek 찾다 professional 전문직의 equal 동등한 be better off 더욱 형편이 좋다 wealth 부 relative 친척 assets 재산, 자산

1 Which of the following is NOT mentioned as something that Egyptian women could do?

(A) Buying and selling land
(B) Going out to work
(C) Teaching other women
(D) Learning a profession

2 Why did a lot of relatives marry each other?

(A) To make the women more wealthy
(B) To keep men and women equal
(C) To help women protect their homes
(D) To keep money and property within the family

TEXT MAP Complete the map of the passage.

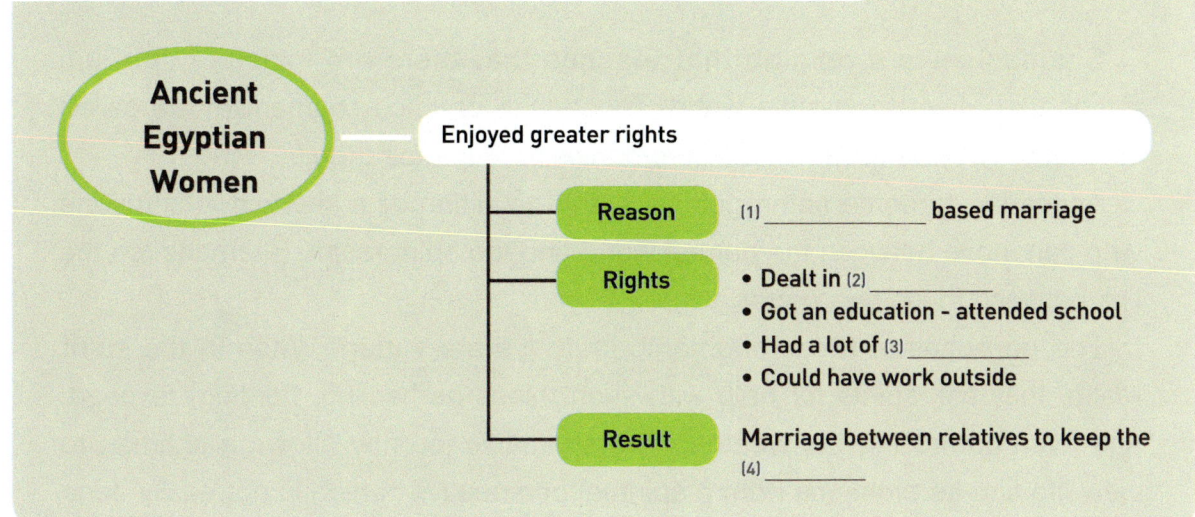

Vocabulary & Composition

A. Select the synonym for each word or phrase.

1. property   a. business   b. land   c. room   d. city
2. seek   a. obtain   b. develop   c. search   d. keep
3. equal   a. useful   b. safe   c. great   d. identical

B. Complete the sentences using the given words or expressions.

| commercial | wealth | professional |

1. 건강하고 행복하게 지내는 것이 진정한 부이다. (healthy)
   True _____.

2. 스포츠는 20세기에 들어서 매우 상업적이 되었다.
   _____ in the 20th Century.

3. 전문적인 사진작가들은 장비에 많은 돈을 소비한다. (photographers / equipment)
   _____.

Exercise 2 Shamanism

Read the following passage and answer the questions.

Shamanism is a religion that teaches that there are invisible spiritual forces that affect the visible world. Those who practice shamanism are called shamans. They perform various ceremonies to help their tribe.

According to some anthropologists, the definition of a shaman is someone who can move between the natural world and the spirit realm. Shamans are the link between these two worlds.

The purposes of these shamanic journeys are varied. When in the spirit realm, they ask spirits for help with such things as healing, hunting, revenge, and even controlling the weather. The shamanic journey allows a shaman to view life and its problems from a spiritual perspective, which is not easily done when in the physical world.

* shamanism 샤머니즘(여러 종족간에 행해지는 주술을 중심으로 하는 원시 종교의 일파)
* shaman 무당, 마법사

Vocabulary invisible 눈에 안 보이는 force 힘 affect 영향을 미치다 various 다양한 anthropologist 인류학자 realm 영역, 범위 link 결합시키는 것, 연결 purpose 목적 journey 여행 varied 다양한, 가지 각색의 revenge 복수 perspective 관점, 견해 physical world 물질 세계

1 In paragraph 2, what do some anthropologists define as being a shaman?

(A) Someone who is a messenger from the spirit worlds.
(B) Someone who travels between physical and spiritual worlds.
(C) Someone who can get spirits to do things in the physical world.
(D) Someone who views life from a spiritual position not a physical one.

2 What is one thing that a shaman can NOT do?

(A) Spending time in the world of the spirits
(B) Talking to spirits about the needs of the tribe
(C) Bringing dead people back to life
(D) Having a different understanding of problems

TEXT MAP   Complete the map of the passage.

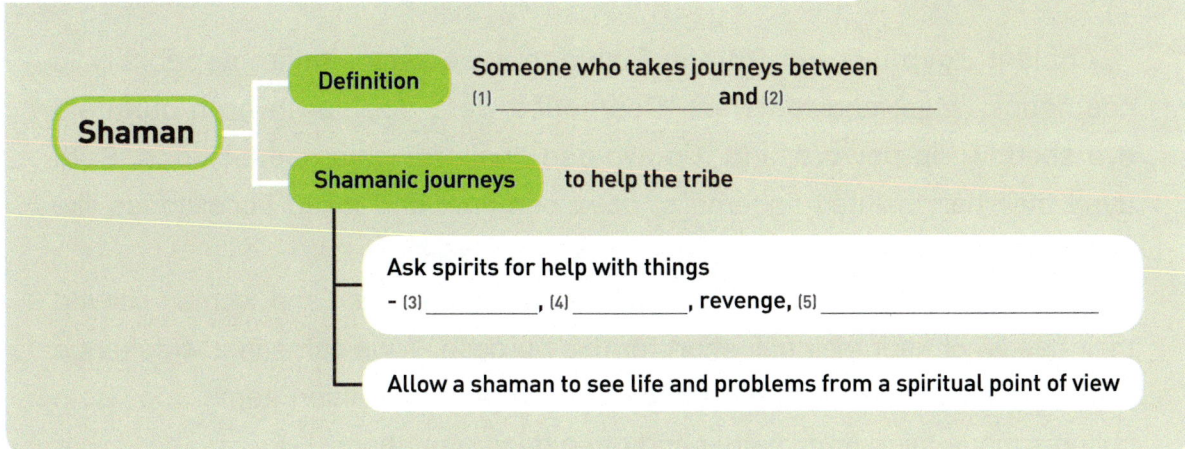

Vocabulary & Composition

A. Select the synonym for each word or phrase.

1 invisible   a. predictable   b. sensible   c. small   d. unseen
2 realm   a. space   b. domain   c. bank   d. country
3 varied   a. selected   b. various   c. perfect   d. collected

B. Complete the sentences using the given words or expressions.

| affect | perspective | purpose |

1 부모는 관심을 보임으로써 자기 아이들의 교육에 긍정적으로 영향을 끼칠 수 있다. (positively / interest)
   Parents can _____ their child's education _____.

2 다이어트의 목적은 체중을 줄이는 것이다. (lose weight)
   _____.

3 나이가 들면서 사람은 인생에 대한 관점이 달라진다. (grow older)
   _____.

Exercise 3 — Ancient Egyptian and Ancient Roman Fashion

Read the following passage and answer the questions.

Ancient Egyptian and Roman fashions were very similar, especially in cosmetics, wigs, and footwear. Cosmetics were popular in both cultures: eye shadow, lip powder, and a powdered chalk for pale complexions. Both dyed their hair, painted fingernails, used perfume, and loved accessories like necklaces and rings.

They seemed to love wearing wigs. In both cultures men and women shaved their heads, or kept their hair short for this purpose. Wigs came in a wide range of colors, lengths, and styles. Shoes were important fashion items, too. Both cultures made them from leather and often decorated them.

However, while many similarities existed, there was at least one distinct difference — burial clothing. Important Egyptians were buried in elaborate costumes and crowns representing wealth and social status. In comparison, Roman emperors were buried wearing no items of wealth.

Vocabulary cosmetics 화장품 popular 인기 있는 wig 가발 powdered chalk 분말로 된 초크 pale 창백한 complexion 안색 dye 염색하다 a wide range of 광범위한 leather 가죽 decorate 장식하다 distinct 명확한, 뚜렷한 burial 매장 elaborate 정교한 status 지위 emperor 황제

1 According to paragraph 2, why did Romans and Egyptians shave their heads?

(A) To make false hair (B) To wear false hair
(C) To keep their heads clean (D) To keep their heads cool

2 What was NOT similar between these two cultures?

(A) What they put on their faces (B) What they did to their heads
(C) What they did with dead people (D) What they made footwear from

TEXT MAP Complete the map of the passage.

Ancient Roman and Ancient Egyptian Fashions

Similarity
1. Using (1) _____
2. Wearing wigs
3. Puting on (2) _____

Difference : (3) _____
- Important Egyptians
  - Representing (4) _____ and social status
- Roman emperors
  - Wearing no items of wealth

Vocabulary & Composition

A. Select the synonym for each word or phrase.

1	popular	a. expensive	b. prepared	c. pretty	d. well-liked
2	distinct	a. nice	b. deep	c. clear	d. big
3	elaborate	a. detailed	b. elegant	c. dirty	d. slippery

B. Complete the sentences using the given words or expressions.

| status | dye | decorate |

1. 어떤 사람들은 자기들의 크리스마스 트리를 장식하도록 회사에 돈을 지불할 것이다. (pay / companies)
   Some people will _____ their Christmas trees.

2. 그녀는 흰 드레스를 핑크색으로 물들였다.
   She _____.

3. 어떤 문화에서는 사람의 지위를 그 사람의 직업으로 결정한다. (determine)
   Some cultures _____.

Speed Reading 1

A. Read the following passage and check your time.

☐ Time allowed: 30 seconds   ☐ Total Reading Time: _____ seconds

Ancient Religious Symbols and Their Relevance Today

P1 Symbols can have different meanings, but they all have one thing in common — expressing ideas without words. People usually created symbols to represent good, but in some cultures, they became evil.

P2 The cross is a powerful symbol for Christian people, representing God's love. There are other forms of the cross, too. The swastika is a cross. For Buddhists, it still represents good, but for others, (a) it has become a symbol of evil.

P3 During World War II, Hitler adopted the symbol of the swastika using it to identify the Nazi movement. It was placed on flags, arm bands, hats, and other items. It became closely associated with the evil acts done by the Nazis. Because of this, the swastika has become a powerful symbol of evil.

P4 This transition into evil can also be seen with the pentagram. Jews use it to symbolize the Torah. However, Satanists use it to symbolize the spirit obeying its physical desires. When media, such as books and movies, shows Satanists, the image of the pentagram is often used. As a result, now many associate it with evil rather than good.

B. Answer the questions.

1. What is the main purpose of P2?
   (A) It provides an example for P1.
   (B) It explains why P1 is correct.
   (C) It demonstrates the result of P1.

2 What does P3 do?

(A) It supports P1 and P2.
(B) It contrasts the idea of (a).
(C) It gives an example of (a).

Text Organization
Fill in the blanks and complete the outline of the passage.

P1 The purpose of using symbols: Expressing ideas _____

- Symbols represent both _____ and _____

P2 Example 1: _____

- Christians: Represent _____
- the _____ - Buddhists: Represent good
  → Became a symbol of evil

P3 The use of the _____ during World War II by the _____

→ Became a powerful symbol of evil

P4 Example 2: _____

- _____ : Symbolize the Torah
- Satanists: The spirit is subject to _____

Practice 1

TOEFL Reading

1. According to paragraph 1, what do all symbols have in common?
   - Ⓐ They describe good and evil.
   - Ⓑ They communicate information verbally.
   - Ⓒ They express religious meaning.
   - Ⓓ They express information without words.

2. The word It in paragraph 3 refers to
   - Ⓐ Item
   - Ⓑ Flag
   - Ⓒ Nazi
   - Ⓓ Swastika

3. The word transition in paragraph 4 is closest in meaning to
   - Ⓐ imagination
   - Ⓑ shift
   - Ⓒ connection
   - Ⓓ decision

4. What do Satanists symbolize with the pentagram in paragraph 4?
   - Ⓐ People are more evil than good.
   - Ⓑ People are more spiritual than physical.
   - Ⓒ People are controlled by their bodies.
   - Ⓓ People are very powerful and positive.

5. According to the passage, who do NOT use symbols in a positive way?
   - Ⓐ Christians
   - Ⓑ Buddhists
   - Ⓒ Jews
   - Ⓓ Satanists

Ancient Religious Symbols and Their Relevance Today

Symbols can have different meanings, but they all have one thing in common — expressing ideas without words. People usually created symbols to represent good, but in some cultures, they became evil.

The cross is a powerful symbol for Christian people, representing God's love. There are other forms of the cross, too. The swastika is a cross. For Buddhists, it still represents good, but for others, it has become a symbol of evil.

During World War II, Hitler adopted the symbol of the swastika using it to identify the Nazi movement. It was placed on flags, arm bands, hats, and other items. It became closely associated with the evil acts done by the Nazis. Because of this, the swastika has become a powerful symbol of evil.

This transition into evil can also be seen with the pentagram. Jews use it to symbolize the Torah. However, Satanists use it to symbolize the spirit obeying its physical desires. When media, such as books and movies, shows Satanists the image of the pentagram is often used. As a result, now many associate it with evil rather than good.

* swastika 만(卍)자
* Torah [유대교] 율법 / the torah 모세 5경

Speed Reading 2

A. Read the following passage and check your time.

☐ Time allowed: 30 seconds   ☐ Total Reading Time: _____ seconds

Funeral Traditions

P1 Throughout history, funeral traditions have varied greatly. However, they all had one thing in common — respect for the deceased. It seems that special rites for the dead have always existed. In 17th century Europe, death was a family affair. They washed, dressed, and laidout corpses, dug graves, conducted services and buried bodies. This European tradition is the foundation for modern America's funeral industry.

P2 Before embalming — using chemicals to preserve the body — being buried alive was not uncommon. To avoid premature burial, families sat with bodies for a few days watching for signs of life. This became known as a 'wake.' Embalming did not become common until the Civil War.

P3 During the Civil War, Thomas Holmes obtained the right to embalm soldiers. His salesmen sold coupons to soldiers' families. Holmes' men would search battlefields for bodies with coupons, embalm them, and ship them home to families for burial.

P4 The funeral industry continues to evolve as society changes and land becomes scarcer. In addition to embalming, it has become common to cremate (burn bodies), freeze them, and even send ashes into outer space.

B. Answer the questions.

1 What is the main purpose of P1?

(A) Providing an example for P2
(B) Setting up the arguments presented in P2, P3, and P4
(C) Explaining the foundation of P2, P3, and P4

Chapter 03
SENTENCE SIMPLIFICATION
MUSIC&ART&LITERATURE

Overview — Sentence Simplification

Sentence simplification 문제는 지문 안에 나오는 길고 복잡한 문장을 간단하게 표현하고 있는 보기를 고르는 문제이다. 주어진 문장의 핵심이 무엇인지를 생각하면서, 앞서 얘기하는 것을 또 언급하는 부분이나, 예 등과 같이 중요하지 않은 내용을 제거한다.

1) 요약(summarizing)   2) 재진술(paraphrasing)

Question type

- Which of the following best expresses the essential information in the highlighted sentence in the passage? *Incorrect* choices change the meaning in important ways or leave out essential information.

General Strategy

- 중요하지 않은 정보는 포함하지 않으며 중요한 정보는 **paraphrase**된다.
  예나 동격의 내용은 중요한 정보가 아니다.

- 오답의 유형을 파악한다.
  - 중요하지 않은 정보를 담은 보기
  - 핵심적인 정보를 언급하지 않은 보기
  - 정보의 의미를 바꾼 보기

Sample Item Read the passage and answer the question.

Frederic Francois Chopin

Frederic Francois Chopin, a Polish pianist and composer, was born in Warsaw in 1810. He began studying piano at the age of four. At seven he published his first composition. He performed his first private concert at eight. Chopin contracted tuberculosis and eventually died at the age of thirty nine in 1849 in Paris.

Frederic Chopin was more at ease with short pieces than with large-scale works. Nearly all of Chopin's compositions are for piano. His music is very original with beautiful melodies that are very romantic.

> **Vocabulary**: Polish 폴란드 사람의 composer 작곡가 publish 발표하다, 출판하다 contract (병에) 걸리다 at ease 여유 있게, 마음 편하게 short piece 소품/소곡 original 독창적인, 신선한

1. Which of the following best expresses the essential information in the highlighted sentence in paragraph 1? *Incorrect* choices change the meaning in important ways or leave out essential information.

    (A) Chopin caught tuberculosis and came back to Paris to prepare his death.
    (B) Tuberculosis attacked Chopin when he was in Paris in 1849.
    (C) Chopin died at the age of thirty nine in Paris.
    ✓ (D) Chopin died of tuberculosis when he was thirty nine in Paris.

    해설 (A) 쇼팽이 죽음을 준비하기 위해 파리로 돌아왔다는 내용은 주어진 문장에 나와 있지 않다. (B) 1849년은 쇼팽이 죽은 연도이다. 또한, 쇼팽이 죽었다는 정보가 빠져있다. (C) 쇼팽이 결핵에 걸렸다는 정보가 빠져 있다. (D) 쇼팽이 결핵에 걸려서 39세의 나이에 파리에서 사망했다는 중요한 정보가 모두 포함되어 있다.

Exercise 1

Hemingway's Code Hero

Read the following passage and answer the question.

Hemingway was a famous American author. In his books he wrote about the man he wanted to be but knew he was not. He called this man the 'code hero.' Hemingway defined a code hero as being someone who exhibits 'grace under pressure.' They are men who endure emotional, mental, and physical pain with courage and honor. However, they fear death because they believe that it is the end of existence. How they face this fear determines how manly they are. To prove themselves worthy, they must repeatedly face death — live life on the edge, without giving in to the fear of death. However, like his father, Hemingway stepped voluntarily over that edge — choosing escape through suicide — something his code heroes would never have chosen for themselves.

Vocabulary author 저자 exhibit 나타내다, 보이다 grace 고상함, 우아함 endure 견디다, 참다 emotional 감정적인 mental 정신적인 courage 용기 honor 명예 fear 두려워하다; 두려움 face 직시하다 manly 남자다운 prove 증명하다 worthy 가치 있는, 존경할 만한 edge 가장자리, 끝 give in 굴복하다 voluntarily 자발적으로 escape 탈출, 도망 suicide 자살

1 Which of the following best expresses the essential information in the highlighted sentence in the passage?

(A) Just like his code heroes and his father, Hemingway also chose death.

(B) Hemingway did not fear death and killed himself to escape from the reality.

(C) Hemingway was not afraid of dying but his code heroes did fear death.

(D) Unlike his code heroes, Hemingway killed himself just as his father did.

TEXT MAP Complete the map of the passage.

Hemingway's Code Hero

What is a 'code hero'?
- Someone who exhibits '(1) _____',
- (2) _____ is the end of (3) _____
   → To prove that they are (4) _____, they face death repeatedly

Vocabulary & Composition

A. Select the synonym for each word or phrase.

1 author   a. reader   b. editor   c. writer   d. typist
2 exhibit   a. divide   b. increase   c. persuade   d. display
3 give in   a. look   b. submit   c. take   d. prepare

B. Complete the sentences using the given words or expressions.

| emotional | prove | courage |

1 임신한 여자들은 매우 감정적이 되기 쉽다. (tend)
   Pregnant women _____.

2 권투 선수가 되기 위해서는 많은 용기가 필요하다. (boxer)
   It takes _____.

3 신이 존재한다는 것을 증명하기는 불가능하다. (impossible / exist)
   It is _____.

Exercise 2

Jane Eyre as a Gothic Novel

Read the following passage and answer the question.

The definition of a Gothic novel is fiction that contains mysterious elements and supernatural events, like hidden rooms and ghosts. These stories obtained the name "Gothic" because most of them take place in gothic settings. A gothic setting is a place that is very dark, like medieval castles. These buildings tend to have dungeons, secret passageways, and hidden rooms.

Jane Eyre does not occur in a castle, or contain any ghosts, but it can still be categorized as a Gothic novel. Characters such as Mr. Rochester with his secret identity and his hidden, lunatic wife make this novel gothic. There are supernatural events as well. Strange laughter is heard throughout the house and Mr. Rochester and Jane seem to communicate almost mind to mind. The red room is particularly telling as in almost all gothic books such a room exist.

* Gothic novel 공포 소설 (18세기 후반에서 19세기 초까지 영국에서 유행한 소설 양식)
* dungeon (성내의) 지하감옥

Vocabulary element (구성) 요소 supernatural 초자연적인, 신비적인 take place 일어나다 medieval 중세의 castle 성 tend to ~하는 경향이 있다 passageway 복도, 통로 categorize ~의 범주에 넣다, 분류하다 identity 정체 lunatic 정신 이상의 particularly 특히

1 Which of the following best expresses the essential information in the highlighted sentence in paragraph 2?

(A) This novel is gothic because of the man with a secret identity and an insane wife.

(B) Jane Eyre is categorized as being gothic because it contains characters.

(C) This novel is a gothic novel because it contains insane characters who are hidden somewhere.

(D) Jane Eyre is considered to be a gothic novel because of its mysterious characters.

TEXT MAP Complete the map of the passage.

Gothic novel
- Definition : Fiction that contains (1) _____ elements and (2) _____ events
- Background : Gained the name because of its (3) _____ settings

Jane Eyre
- Classified as a Gothic novel
  - Reasons   1. Mysterious (4) _____ : Mr. Rochester and his wife
              2. Supernatural events : strange laughter, etc.
              3. The setting : (5) _____

Vocabulary & Composition

A. Select the synonym for each word or phrase.

1	take place	a. succeed	b. happen	c. come	d. arrive
2	lunatic	a. scary	b. crazy	c. dangerous	d. lovely
3	particularly	a. especially	b. partially	c. almost	d. basically

B. Complete the sentences using the given words or expressions.

| identity | categorize | supernatural |

1. 도서관은 다양한 방식으로 책을 분류할 수 있다.
   Libraries can _____.

2. 슈퍼맨의 비밀스러운 정체는 클라크 켄트이다. (secret)
   _____ is Clark Kent.

3. 의학으로 실패하면 어떤 사람들은 초자연적인 치료법을 찾는다. (seek / healing)
   When medicine fails, _____.

Exercise 3 Greek Art

Read the following passage and answer the question.

Ancient Greeks believed that perfection could best be represented by strong, healthy young people. Using balance and proportion, they sculpted what they considered to be the perfect human forms. 'Kore' is the name for their young female figures and 'Kouros' the name for their young male figures. For the Ancient Greeks, these statues of young people were the image of absolute perfection.

The worship of and desire for perfection are parts of almost every civilization throughout time, and our modern society is by no means an exception. The Greek identification of perfection with youth continues in our modern age. Like the Greeks, modern society glamorizes the image of the perfect human body, not through sculpture, but rather through media such as magazines, movies and television.

Vocabulary perfection 완벽 proportion 비율, 균형 sculpt 조각하다 figure 형상 statue 상 absolute 절대적인, 완전한 worship 숭배 desire 욕구, 욕망 civilization 문명, 문명 사회 by no means 결코 ~이 아니다 exception 예외 identification 동일시 glamorize 매력적으로 만들다, 미화하다 sculpture 조각

1 Which of the following best expresses the essential information in the highlighted sentence in paragraph 2?

(A) Perfection was desired and adored in almost every ancient society.

(B) Media shows that modern society wants perfection more than ancient cultures did.

(C) The want for perfection exists in almost every ancient and modern culture.

(D) Adoration of perfection is a part of modern society.

TEXT MAP Complete the map of the passage.

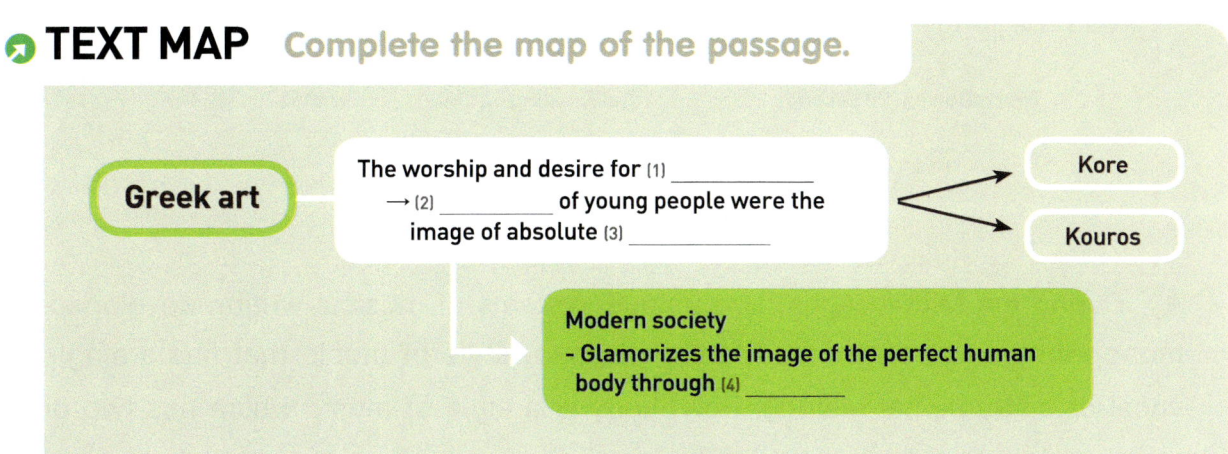

Vocabulary & Composition

A. Select the synonym for each word or phrase.

1	perfection	a. excellence	b. beauty	c. purpose	d. flawlessness
2	absolute	a. extreme	b. utter	c. amazing	d. eternal
3	worship	a. criticism	b. memory	c. feature	d. adoration

B. Complete the sentences using the given words or expressions.

| by no means | proportion | civilization |

1. 건물을 그릴 때 비율을 올바르게 구하는 것이 중요하다. (draw)
   It is important to _____.

2. 사람들이 미래를 두려워하는 것은 역사상 이번이 결코 처음이 아니다. (history / fear)
   This is _____ that people have _____.

3. 중앙 아메리카의 고대 문명 사회들은 옥수수를 기초로 하였다.
   _____ were founded upon corn.

Speed Reading 1

A. Read the following passage and check your time.

□ Time allowed: 30 seconds   □ Total Reading Time: _____ seconds

Middle Age Music

P1 During the Middle Ages, two unique systems of musical writing developed: monophony and polyphony. Monophony is a style of music that has a single vocal or instrumental melody. Polyphony is a style of music which has two or more melodic lines heard at the same time. Gregorian chant is a good example of Monophonic music. This religious music, normally sung by monks in Catholic Mass in Latin, follows one single melody.

P2 Religious music was not the only music available during the Middle Ages. Secular music had begun spreading at this time. Minstrels would travel from place to place entertaining people. Their songs were sung in plain language rather than in Latin. They were usually cheerful rather than sad. Also, unlike religious music which was unaccompanied, secular music sometimes involved the use of instruments.

P3 During this period of time, new instruments were being invented and used. There were many string and wind instruments developed, though most are no longer used today. Some of those that survived are the harp, flute, trumpet, and bagpipes.

B. Answer the questions.

1 What role does P2 play in the passage?
(A) It defines the term introduced in P1.
(B) It explains the type of music introduced in P1.
(C) It compares two musical types during the Middle Ages.

2 What role does P3 play in relation to P2?

(A) It provides examples for P2's final statement.
(B) It develops the final statement of P2.
(C) It expands on the ideas expressed in P2.

Text Organization Fill in the blanks and complete the outline of the passage.

P1 Two systems of musical writing during the Middle Ages

- _____ : Has a single melody

- _____ : Has two or more melodic lines

P2 Comparison between religious music and secular music

- Religious music - sung in _____
  - unaccompanied

- Secular music - sung in _____
  - cheerful
  - the use of _____

P3 Instruments developed and used during the age

- _____, _____, trumpet, and bagpipes

Practice 1

TOEFL Reading

1. Which of the following is true about polyphonic music?
   - Ⓐ Polyphonic music was usually sung in Catholic Mass.
   - Ⓑ Polyphony has more than one melody and all are performed at the same time.
   - Ⓒ Polyphony developed later and is also much more simple and easy to perform.
   - Ⓓ Polyphony does not use instruments and is performed by solo singers.

2. The word Secular in paragraph 2 is closest in meaning to
   - Ⓐ Ordinary
   - Ⓑ Worldly
   - Ⓒ Global
   - Ⓓ Regular

3. The word They in paragraph 2 refers to
   - Ⓐ People
   - Ⓑ Minstrels
   - Ⓒ Songs
   - Ⓓ Instruments

4. Which of the following best expresses the essential information in the highlighted sentence in paragraph 2? *Incorrect* choices change the meaning in important ways or leave out essential information.
   - Ⓐ To accompany secular music, it was common to use newly invented musical instruments.
   - Ⓑ Instruments were used to accompany both secular music and religious music.
   - Ⓒ Instruments were not usually used in secular music, while they were accompanied in religious music.
   - Ⓓ Sometimes secular music was accompanied by instruments while religious music was not.

5. The word survived in paragraph 3 is closest in meaning to
   - Ⓐ lasted
   - Ⓑ arrived
   - Ⓒ revived
   - Ⓓ multiplied

TOEFL Reading

Middle Age Music

During the Middle Ages, two unique systems of musical writing developed: monophony and polyphony. Monophony is a style of music that has a single vocal or instrumental melody. Polyphony is a style of music which has two or more melodic lines heard at the same time. Gregorian chant is a good example of Monophonic music. This religious music, normally sung by monks in Catholic Mass in Latin, follows one single melody.

Religious music was not the only music available during the Middle Ages. Secular music had begun spreading at this time. Minstrels would travel from place to place entertaining people. Their songs were sung in plain language rather than in Latin. They were usually cheerful rather than sad. Also, unlike religious music which was unaccompanied, secular music sometimes involved the use of instruments.

During this period of time, new instruments were being invented and used. There were many string and wind instruments developed, though most are no longer used today. Some of those that survived are the harp, flute, trumpet, and bagpipes.

* minstrel 음유 시인

vocabulary unique 독특한 instrumental 악기의 normally 보통은 monk 수사 Mass 가톨릭 미사 available 이용 가능한 plain 쉬운, 분명한 cheerful 명랑한 unaccompanied 반주 없는

Speed Reading 2

A. Read the following passage and check your time.

☐ Time allowed: 30 seconds   ☐ Total Reading Time: _____ seconds

The Slave Statue by Michelangelo

P1 Sometimes great art comes about by accident. Pope Julius II asked Michelangelo to design a tomb. The tomb is most famous for the gigantic statue of Moses which is considered one of Michelangelo's greatest sculptures. However, what is most powerful is the slave statue. Unfinished, unintentionally, it provides one of the most powerful expressions of man's desire to be free.

P2 On one side of the marble block, Michelangelo drew the outline of the figure he was going to carve. Then he worked inwards cutting away the rock outside of that outline. He called this 'liberating the figure imprisoned in the marble.' Only the front of the slave was finished, leaving the incomplete figure of a man partly embedded in stone.

P3 Purely by chance, then, came one of his most moving works. This statue expresses clearly the suffering of slavery. It provides an enduring image of the struggle for freedom.

B. Answer the questions.

1. What role does P2 play in the passage?

   (A) It provides background information.
   (B) It describes the process of the work in detail.
   (C) It introduces another work done by Michelangelo.

2. What is the main purpose of P3?

(A) Summarizing all of the paragraphs
(B) Explaining all of the paragraphs
(C) Supporting the description in P3

Text Organization Fill in the blanks and complete the outline of the passage.

P1 Introduction of famous statues of the tomb by Michelangelo

- _____

- _____ : Powerful expressions of man's desire to be free

P2 The process of making the slave statue

- Drew _____ → Carved from the inside → Only finished the front

P3 The conclusion of the passage

Practice 2

TOEFL Reading

1. Which of the following best expresses the essential information in the highlighted sentence in paragraph 1? *Incorrect* choices change the meaning in important ways or leave out essential information.

   Ⓐ The mighty statue of Moses makes Michelangelo one of the greatest and most famous artists.
   Ⓑ Michelangelo's best works are the main reason for its fame.
   Ⓒ The reason this place is so famous is it contains one of Michelangelo's best statues.
   Ⓓ The gigantic statue of Moses is considered to be one of Michelangelo's greatest sculptures.

2. The word it in paragraph 1 refers to

   Ⓐ the tomb
   Ⓑ the statue of Moses
   Ⓒ the outline
   Ⓓ the slave statue

3. The word embedded in paragraph 2 is closest in meaning to

   Ⓐ entered
   Ⓑ released
   Ⓒ encased
   Ⓓ dissolved

4. Which of the following is true about the slave statue?

   Ⓐ It was made from marble and clay.
   Ⓑ It is more famous than the statue of Moses.
   Ⓒ Michelangelo expressed man's desire for freedom with the statue.
   Ⓓ Michelangelo carved the statue without drawing any outline.

The Slave Statue by Michelangelo

Sometimes great art comes about by accident. Pope Julius II asked Michelangelo to design a tomb. The tomb is most famous for the gigantic statue of Moses which is considered one of Michelangelo's greatest sculptures. However, what is most powerful is the slave statue. Unfinished, unintentionally, it provides one of the most powerful expressions of man's desire to be free.

On one side of the marble block, Michelangelo drew the outline of the figure he was going to carve. Then he worked inwards cutting away the rock outside of that outline. He called this 'liberating the figure imprisoned in the marble.' Only the front of the slave was finished, leaving the incomplete figure of a man partly embedded in stone.

Purely by chance, then, came one of his most moving works. This statue expresses clearly the suffering of slavery. It provides an enduring image of the struggle for freedom.

vocabulary by accident 우연히 tomb 무덤 gigantic 거대한 slave 노예 unintentionally 의도하지 않게 marble 대리석 block 덩어리 carve 조각하다, 새겨서 상을 만들다 inwards 안으로 liberate 자유롭게 하다 imprison 가두다, 구속하다 incomplete 미완성의 partly 부분적으로 purely 순전히 enduring 영속하는 freedom 자유

Vocabulary Test

A Write the meaning of each word or expression.

1. identification _____
2. worthy _____
3. supernatural _____
4. sculpture _____
5. voluntarily _____
6. by no means _____
7. absolute _____
8. give in _____
9. by accident _____
10. liberate _____

B Fill in the blanks with the appropriate word or phrase. Change the form if needed.

| unique | incomplete | publish | unintentionally | contract |

1. It is very common for people to _____ a cold during the winter.
2. The clearing of rubbish and the drains is still _____.
3. By not paying attention, sometimes people _____ speed.
4. Unknown writers sometimes pay to _____ their own book.
5. The museum has a _____ collection of modern European art.

C Choose the closest meaning of each underlined word or phrase.

1. It is very difficult to write original stories.
   (a) unusual   (b) great   (c) unique   (d) excellent

2. Dinosaurs were gigantic reptiles.
   (a) deadly   (b) giant   (c) fantastic   (d) majestic

3. It takes great skill to carve realistic wooden animals.
   (a) paint   (b) develop   (c) chisel   (d) design

4. Scientists should give plain answers to difficult scientific questions.
   (a) fast   (b) flat   (c) careful   (d) clear

5. Normally, birds fly south for the winter.
   (a) Ordinarily   (b) Surprisingly   (c) Eventually   (d) Definitely

Overview — Rhetorical Purpose

Rhetoric(수사학)이란 저자의 의도를 좀 더 효과적으로 나타내기 위해 사용하는 표현방법이다. Rhetorical purpose 문제에 대비하기 위해서는 주제와 보조 내용들을 정확히 구분할 수 있어야 한다. 또한 세부사항이 나오면 그 내용을 왜 썼는지 의문을 가지고 저자의 의도를 파악하도록 살펴야 한다.

Question type

- Why does the author mention X?
- How does the author explain X?

General Strategy

- 특정 단어나 내용이 글에서 어떤 역할을 하고 있는지 생각해 본다.
- 저자가 자신이 말하고자 하는 내용을 어떤 방식으로 전개하고 있는지 생각해 본다.
 글을 전개하는 여러 방식을 알아 두면 도움이 된다.

Frequent Rhetoric

Define	소개하는 대상의 정의 및 의미를 소개
Describe	대상의 모양새나 색깔 등을 묘사하거나 부분을 설명
Illustrate/Exemplify	예를 들어 설명
Compare/Contrast	비교하고 대조함
Cause/Effect	원인과 결과를 설명
Explain/Show/Persuade	요점을 주장하기 위해 여러 가지를 설명하거나, 증거를 제시해 정당화하거나, 사실이나 이유들을 들어 저자의 주장을 설득

Sample Item Read the passage and answer the questions.

The Kudzu Plant

The kudzu plant is a native of China and was introduced to the US in 1876. Its sweet blooms attracted many gardeners. The Soil Conservation Service encouraged people to plant them during the Great Depression to help reduce Southern soil erosion. However, soon its aggressive, rapid growth — up to one foot per day — made it clear that it was an ecological threat.

Today kudzu continues to endanger the environment. It kills plants by smothering them under thick blankets of leaves. Climbing vines cover trees killing them through lack of light and even uproot trees due to their tremendous weight. If effective ways to stop the growth of this plant are not found, it will lead to serious future problems.

* kudzu 칡   * Soil Conservation Service (미국) 토양 보존국

Vocabulary bloom 꽃 attract 끌어당기다, 매혹하다 erosion 부식, 침식 aggressive 공격적인, 억척스러운 ecological 생태학적인 endanger 위태롭게 하다 smother 질식시키다 vine 덩굴 uproot 뿌리째 뽑다 tremendous 엄청난, 무시무시한

1 Why does the author mention Southern soil erosion?

✓ (A) To provide some background for the introduction of this plant
   (B) To explain the importance of soil quality for kudzu plants
   (C) To highlight some of the negative effects caused by kudzu plants
   (D) To imply that kudzu plants helped to end the Great Depression

해설 남부 토양의 침식을 막기 위해 칡을 심으라고 권장했다는 내용을 밝히면서 칡을 미국에 도입하게 된 배경을 설명하고 있다.

2 How does the author explain the threat caused by the Kudzu plant?

   (A) By discussing the serious dangers that this plant will cause in the future
✓ (B) By providing examples of the damage that it does to the environment
   (C) By pointing out the fact that people planted too many in the past
   (D) By explaining how this plant's aggressiveness makes it grow too fast

해설 두 번째 단락에서 저자는, 칡이 다른 식물을 덮어서 질식시켜 죽이고, 덩굴로 나무를 덮어서 빛을 받지 못하게 해서 죽이고, 엄청난 덩굴 무게로 나무를 뿌리째 뽑아버리기도 한다는 사실을 예로 들어 칡이 환경에 미치는 폐해를 설명한다.

Exercise 1

American Alligators

Read the following passage and answer the questions.

The American alligator is one of the world's largest reptiles, weighing between 450 to 500 pounds. An adult varies between 13 to 18 feet in length. The alligator and the crocodile are considerably similar in appearance but are not exactly the same. The crocodile has a different jaw structure. The American alligator has a stockier build and a broader head.

The breeding season for American alligators is between April and May. The female lays a lot of eggs, 25 to 60. Then she covers them with a layer of vegetation. The sun keeps them warm and they hatch within 9 weeks from mid-August through mid-September. During their first two years of life, eighty percent of young alligators become the victims of predators such as birds, raccoons, snakes, large bass, and even other alligators.

* raccoon 미국 너구리   * bass 배스(북미산 농어류)

Vocabulary reptile 파충류 weigh 무게가 ~이다 crocodile (일반적인) 악어 considerably 꽤, 상당히 appearance 겉모습, 외관 jaw 턱 stocky 단단한, 땅딸막한 lay 알을 낳다 cover 덮다 layer 층 vegetation 식물 hatch 깨다, 부화하다 victim 희생물 predator 포식동물

1 How does the author explain the differences between alligators and crocodiles?

(A) By explaining why alligators have stockier builds
(B) By comparing the appearances of both reptiles
(C) By describing different reptile jaw structures
(D) By stating that crocodiles are heavier than alligators

2 Why does the author mention predators?

(A) To explain why there are not so many alligators now
(B) To show alligator eggs are an important food source
(C) To provide reasons why alligators are less dangerous
(D) To explain the major cause of the young alligators' death

TEXT MAP Complete the map of the passage.

American alligator
- One of the world's largest (1) _____
- Comparison between the crocodile and the alligator
  - Crocodile - has a different (2) _____
  - Alligator - has a (3) _____ build, a (4) _____ head
- Breeding season: between (5) _____ and May
  - lay a lot of eggs / hatch within 9 weeks

Vocabulary & Composition

A. Select the synonym for each word or phrase.

1. considerably   a. definitely   b. substantially   c. generally   d. basically
2. appearance   a. appetite   b. balance   c. purpose   d. look
3. cover   a. blanket   b. contain   c. bury   d. complete

B. Complete the sentences using the given words or expressions.

| hatch | victim | stocky |

1. 대부분의 레슬링 선수들은 체격이 단단하다. (wrestlers / body shape)
   Most _____.

2. 경찰은 범죄의 희생자를 도우려고 한다. (crime)
   Police try to _____.

3. 때때로 어떤 달걀은 부화하지 않는다.
   Sometimes _____.

Exercise 2 — Bananas

Read the following passage and answer the questions.

Grown in 130 countries worldwide, bananas are a vital source of nutrition for many developing countries. Though some are exported, most are produced for domestic consumption. In East Africa, they are the main food source for around 50% of the population.

The term *banana* is applied to both the plant and its fruit. Often mistaken as a tree, it is actually a herb. The fruit averages 125g, of which approximately 75% is water. It contains large amounts of minerals and calcium. The fruit provides vitamins A and C, and even some protein.

Banana plants are very easy to cultivate and they have a productive life span of 15 years or more. This makes it a very reliable source of food.

Vocabulary vital 극히 중요한, 절대 필요한 nutrition 영양 developing country 개발 도상국 domestic 국내의 consumption 소비 average 평균하여 ~이다 approximately 대략 mineral 미네랄 protein 단백질 cultivate 재배하다, 경작하다 life span 수명 reliable 의지가 되는, 믿을 수 있는

1 Why does the author mention East Africa?

(A) To emphasize the importance of bananas as a food source
(B) To explain why the majority of bananas are not exported
(C) To define the different needs worldwide for bananas
(D) To show why so many bananas are grown worldwide

2 How does the author explain the benefits of bananas in paragraph 2?

(A) By mentioning that most bananas are food
(B) By explaining how easy it is to grow bananas
(C) By providing the nutritional content of bananas
(D) By pointing out that it is both a tree and a herb

TEXT MAP Complete the map of the passage.

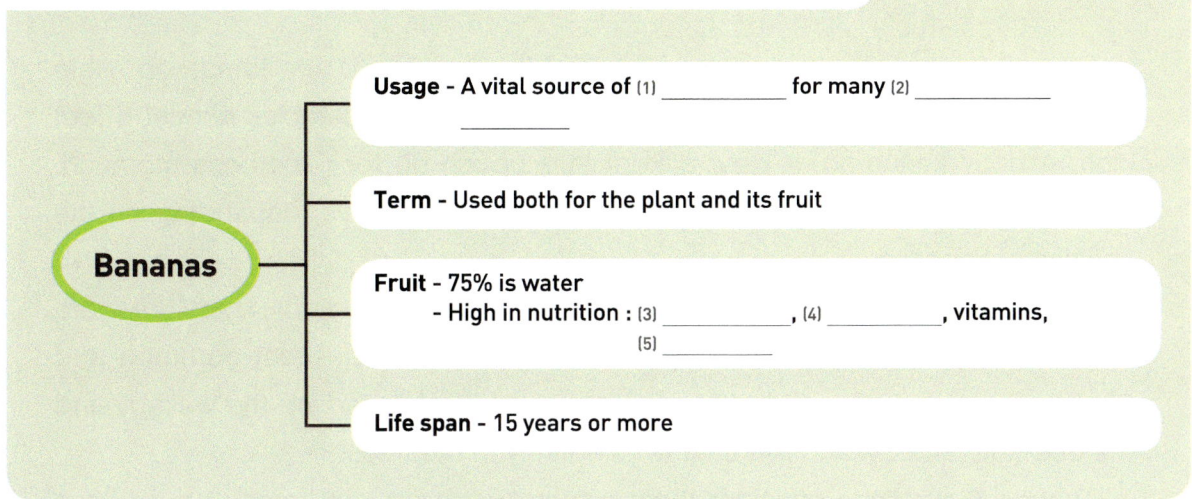

Bananas
- **Usage** - A vital source of (1) _____ for many (2) _____
- **Term** - Used both for the plant and its fruit
- **Fruit** - 75% is water
  - High in nutrition : (3) _____, (4) _____, vitamins, (5) _____
- **Life span** - 15 years or more

Vocabulary & Composition

A. Select the synonym for each word or phrase.

1 vital   a. valuable   b. perfect   c. essential   d. special
2 approximately   a. around   b. usually   c. consistently d. occasionally
3 domestic   a. quick   b. regular   c. native   d. daily

B. Complete the sentences using the given words or expressions.

| cultivate | nutrition | reliable |

1 가공된 식품은 종종 영양이 거의 들어있지 않다. (contain / little)
   Processed foods _____.

2 한국의 지하철은 매우 믿을만 하다. (subway trains)
   _____.

3 장미는 재배하기 아주 어렵다.
   Roses _____.

Exercise 3 Kangaroos

Read the following passage and answer the questions.

One of Australia's most interesting native creatures is the kangaroo. Able to hop at speeds of up to 64km/h, they can leap over obstacles almost 6 feet high. A baby kangaroo, a joey, is kept in a pouch on their mother's stomach. Normally, a joey will stay in the pouch for up to 298 days, depending on the species of kangaroo.

All Kangaroos are classed as being Macropods (long-footed). There are more than 50 different species of Kangaroo living in Australia. Most common and often seen are the gray and red kangaroo. More rarely seen are the wallaby and the tree-kangaroo, which live their lives entirely in the trees.

Though Australians consider them a true Australian icon, many do not love them. Kangaroos eat crops and hurt Australian agriculture. Kangaroos also damage vehicles and often cause deadly accidents by hoping across roads.

Vocabulary hop 깡충 뛰다 leap 껑충 뛰다 obstacle 장애물 pouch 주머니 stomach 복부, 아랫배 normally 보통은 species 종 class 분류하다 rarely 드물게, 좀처럼 ~하지 않는 wallaby 왈라비 (작은 캥거루) icon 아이콘 damage 피해를 입히다 vehicle 탈 것 deadly 치명적인

1 Why does the author mention that some kangaroos live in trees?

(A) To give an example of different kinds of kangaroos
(B) To explain why kangaroos are called long-footed animals
(C) To introduce the reason why some kangaroos are dangerous
(D) To explain why some kangaroos live in trees and some on the ground

2 How does the author explain why some Australians do not love kangaroos?

(A) By explaining how kangaroos live
(B) By listing the bad things that kangaroos do
(C) By describing how kangaroos damage agriculture
(D) By focusing on accidents caused by kangaroos

TEXT MAP Complete the map of the passage.

(1) _____

Kangaroos
- One of (2) _____ icons
- Able to hop and (3) _____ very high
- (4) _____ : a baby kangaroo – kept in its mother's pouch
- More than fifty species
- Cause problems in Australia

Vocabulary & Composition

A. Select the synonym for each word or phrase.

1 leap   a. roll   b. fly   c. bounce   d. travel
2 obstacle   a. container   b. barrier c. fence   d. square
3 deadly   a. disgusting b. wild   c. expensive d. fatal

B. Complete the sentences using the given words or expressions.

| hop | vehicle | damage |

1 홍수로 인한 물은 집에 피해를 줄 수 있다.
   Flood water _____.

2 스포츠카는 젊은 가족에게 적당한 차가 아니다. (suitable)
   A sports car _____.

3 한쪽 다리로 깡충 뛰도록 요구하는 다양한 게임이 있다. (require)
   There are various games _____ someone _____.

Chapter 4 | Rhetorical Purpose   73

Speed Reading 1

A. Read the following passage and check your time.

☐ Time allowed: 30 seconds   ☐ Total Reading Time: _____ seconds

The Albatross

P1 Scientists and sailors are both interested in the albatross for different reasons. In the past, sailors believed that dead men's souls lived inside these birds and killing one would doom the ship. Some modern sailors still think that killing this bird will bring bad luck. Scientists, however, are fascinated by the bird's anatomy and lifestyle.

P2 Their bodies are small compared to their immense wingspans which range from five to twelve feet. The Albatross is actually partially composed of air, with air sacs surrounding the organs. The bones are also hollow. The skeleton only occupies 13% of the total body weight and the muscles take up only 9%. Truly creatures of the air, these birds live most of their lives in the sky.

P3 It is impossible for an albatross to survive in places with little or no wind. Scientists estimate that the Albatross spends around 95% of its life flying. They suspect that the birds sleep while gliding on the wind. Gliding on the wind is the key that allows them to fly for extended lengths of time without flapping their wings.

B. Answer the questions.

1. **How does P2 connect to P1?**
    (A) Discussing the information P1
    (B) Comparing the information between P1 and P2
    (C) Supporting the final statement in P1

2 How does P2 connect to P3?

(A) Explaining the cause of the problem in P3

(B) Giving another reason of the final statement in P1

(C) Showing the result of the act described in P3

Text Organization   Fill in the blanks and complete the outline of the passage.

P1 Different interests in the albatross

- Sailors : Dead men's souls live inside the bird

- Scientists : Fascinated by the bird's _____ and _____

P2 How it is possible to live in the sky: Physical features

- Small bodies

- Partially composed of _____

- _____ are hollow

- Skeleton and _____ are only a small part of the total weight

P3 How it is possible to live in the sky: Wind

- _____ when they sleep
  → do not need to keep _____ their wings

Practice 1

TOEFL Reading

1. How does the author introduce the topic in paragraph 1?
   - Ⓐ By listing superstitions of sailors and scientists
   - Ⓑ By describing the lives of sailors and scientists
   - Ⓒ By explaining why ancient sailors feared the bird
   - Ⓓ By comparing reasons for interest in the bird

2. The word fascinated in paragraph 1 is closest in meaning to
   - Ⓐ absorbed
   - Ⓑ distracted
   - Ⓒ confused
   - Ⓓ frightened

3. The word immense in paragraph 2 is closest in meaning to
   - Ⓐ soft
   - Ⓑ large
   - Ⓒ dense
   - Ⓓ powerful

4. Why does the author mention the wind in paragraph 3?
   - Ⓐ To show where the bird usually prefers to live
   - Ⓑ To provide the reason why the bird is so fast
   - Ⓒ To give an example of what the bird likes
   - Ⓓ To show how the birds stay so long in the air

5. Which of the following is NOT true about the albatross?
   - Ⓐ The albatross lives in windy places.
   - Ⓑ It has a very wide wingspan.
   - Ⓒ The albatross has very heavy bones.
   - Ⓓ Scientists think they sleep while flying.

76

The Albatross

Scientists and sailors are both interested in the albatross for different reasons. In the past, sailors believed that dead men's souls lived inside these birds and killing one would doom the ship. Some modern sailors still think that killing this bird will bring bad luck. Scientists, however, are fascinated by the bird's anatomy and lifestyle.

Their bodies are small compared to their immense wingspan that range from five to twelve feet. The albatross is actually partially composed of air, with air sacs surrounding the organs. The bones are also hollow. The skeleton only occupies 13% of the total body weight and the muscles take up only 9%. Truly creatures of the air, these birds live most of their lives in the sky.

It is impossible for an albatross to survive in places with little or no wind. Scientists estimate that the albatross spends around 95% of its life flying. They suspect that the birds sleep while gliding on the wind. Gliding on the wind is the key that allows them to fly for extended lengths of time without flapping their wings.

* anatomy 해부, 해부학적 구조
* wingspan 날개 길이, 날개 폭(한쪽 날개 끝에서 다른 쪽 날개 끝까지의 길이)

Speed Reading 2

A. Read the following passage and check your time.

☐ Time allowed: 30 seconds ☐ Total Reading Time: _____ seconds

Seed Distribution

P1 Plants are in constant competition to survive. If they do not reproduce, they will become extinct. Therefore, plants have very inventive ways of distributing their seeds.

P2 Some plants rely on movement. There is a plant that distributes its seeds by rolling through the desert when it dies. Other flowers may depend on the wind to carry their seeds to different areas. Dandelion seeds, for example, have fluffy parachutes attached so they can travel for miles on the wind. However, plants growing in tropical rainforests cannot depend on the wind so they must find other ways to spread their seeds, such as helicopter-like attachments or gliding wings.

P3 Most plants, however, require other living things to distribute their seeds. Many of these plants actually attract animals to them. They use fruits that animals can detect by color and smell. The seeds are eaten and later fall to the ground as part of the animal's waste.

B. Answer the questions.

1 What is the main purpose of P2?

(A) Exemplifying the last statement of P1

(B) Defining the last statement of P1

(C) Expanding on the last statement in P1

2 **What is the main purpose of P3?**

   (A) Summarizing the thoughts expressed in P1 and P2
   (B) Providing additional information to that found in P2
   (C) Contrasting with the information found in P2

Text Organization Fill in the blanks and complete the outline of the passage.

| P1 | An introduction of several seed distribution methods |

| P2 | Various ways of seed distribution |

   1. Rely on _____

   2. Rely on the _____ : dandelion seeds

   3. Develop different ways: plants in _____

| P3 | The most common seed distribution |

   4. Rely on other living things : use _____

Practice 2

TOEFL Reading

1. The word **rely on** in paragraph 2 is closest in meaning to
   - Ⓐ focus on
   - Ⓑ depend on
   - Ⓒ major in
   - Ⓓ hand in

2. The word **distributes** in paragraph 2 is closest in meaning to
   - Ⓐ loses
   - Ⓑ buries
   - Ⓒ spreads
   - Ⓓ throws

3. Why does the author mention fruits in paragraph 3?
   - Ⓐ To give a feature of some plants that attract animals
   - Ⓑ To suggest that some plants are useful to other living things
   - Ⓒ To explain the problems that plants with fruit have
   - Ⓓ To provide information about the structure of some plants

4. Which method is NOT mentioned for spreading seeds?
   - Ⓐ Using the wind
   - Ⓑ Using the rain
   - Ⓒ Using movement
   - Ⓓ Using living things

5. How does the author explain the way plants distribute seeds?
   - Ⓐ By explaining how the wind helps to distribute seeds
   - Ⓑ By describing the process that plants use to distribute seeds
   - Ⓒ By contrasting the different types of seeds that plants have
   - Ⓓ By introducing the different methods that plants use

TOEFL Reading

Seed Distribution

Plants are in constant competition to survive. If they do not reproduce, then they will become extinct. Therefore, plants have very inventive ways of distributing their seeds.

Some plants rely on movement. There is a plant that distributes its seeds by rolling through the desert when it dies. Other flowers may depend on the wind to carry their seeds to different areas. Dandelion seeds, for example, have fluffy parachutes attached so they can travel for miles on the wind. However, plants growing in tropical rainforests cannot depend on the wind so they must find other ways to spread their seeds, such as helicopter-like attachments and gliding wings.

Most plants, however, require other living things to distribute their seeds. Many of these plants actually attract animals to them. They use fruits that animals can detect by color and smell. The seeds are eaten and later fall to the ground as part of the animal's waste.

vocabulary constant 지속적인 competition 경쟁 reproduce 번식하다 extinct 멸종된 inventive 독창적인 seed 씨
desert 사막 fluffy 보풀보풀한, 가벼운 detect 탐지하다, 발견하다

Vocabulary Test

A Write the meaning of each word or expression.

1. uproot _____
2. domestic _____
3. hatch _____
4. deadly _____
5. reproduce _____
6. estimate _____
7. obstacle _____
8. vital _____
9. ecological _____
10. reliable _____

B Fill in the blanks with the appropriate word or phrase. Change the form if needed.

| be composed of | smother | surround | attract | desert |

1. Geologists suspect that the Earth's core may _____ iron and nickel.
2. A _____ is a large area of land with few plants and little water and where the weather is always dry.
3. More people might _____ to opera if it were less expensive.
4. The waters that _____ a tropical island are usually rich with fish.
5. In a fire, people can _____ due to a lack of oxygen.

C Choose the closest meaning of each underlined word or phrase.

1. Scientists are not sure how the dinosaurs became <u>extinct</u>.
   (a) escaped   (b) increased   (c) nonexistent   (d) evolved

2. Solar power can only <u>partially</u> meet society's energy needs.
   (a) lightly   (b) slowly   (c) basically   (d) somewhat

3. Some birds make their nests inside <u>hollow</u> trees.
   (a) heavy   (b) unfilled   (c) sacred   (d) special

4. Solving some problems requires a more <u>inventive</u> approach.
   (a) careful   (b) uninspired   (c) creative   (d) intensive

5. Police use radar guns to <u>detect</u> drivers who are speeding.
   (a) spot   (b) control   (c) depress   (d) punish

Chapter 05

INSERTION

TECHNOLOGY&ASTRONOMY

Overview

Insertion

Insertion 문제는 전체 글 속의 문장들을 서로 일관성(coherence) 있게 구성할 수 있는가를 평가한다. 일관성이란 전체 글을 이루고 있는 문장들이 서로 긴밀하게 연결되어 있음을 말한다. 이 문제는 글의 논리적 흐름을 알고 있는가를 측정하는 데 목적이 있다.

Question type

- Look at the four squares [■] that indicate where the following sentence could be added to the passage.

  Where would the sentence best fit? Click on a square [■] to add the sentence to the passage.

General Strategy

- 문장과 문장 사이의 연관성을 생각하여 글의 흐름을 자연스럽게 만든다.
  접속사나 대명사가 clue가 될 수 있다.
  - **Addition :** another, in addition to, also …
  - **Contrast :** however, but, in contrast, though, while …
  - **Example :** for example, for instance, such as, like, including …
  - **Cause&Effect :** because, thus, as a result, therefore …
  - **Reference :** this, it, that, his, one …

Sample Item Read the passage and answer the question.

Comets

Comets travel around the sun in egg-like paths called ellipses. [A] The time it takes for a comet to make a complete orbit is called its period. The orbit of a comet rarely changes. [B] The consistency with which comets follow their orbital paths enables scientists to predict when comets will pass near the earth. [C]

Most comets have three different parts: a nucleus, a head, and a tail. Sometimes the bright central nucleus of a comet can be nearly as large as the earth. [D] The head surrounding the nucleus may range from 30,000 to 100,000 miles in diameter. The tail is a bright length of dust and gas trailing behind the comet. It can sometimes be longer than the distance of the earth from the sun.

Vocabulary: comet 혜성 ellipse 타원 path 궤도, 코스 rarely 좀처럼 ~하지 않는 consistency 일관성 predict 예측(예언하다)하다 nucleus 핵 diameter 지름 dust 먼지 trail 뒤에 붙어서 가다

1. Look at the four squares [■] that indicate where the following sentence could be added to the passage.

   For example, scientists know that Halley's Comet will make an appearance once every 76 years.

   Where would the sentence best fit? Choose a square [■] to add the sentence to the passage.

   (A) [A]   (B) [B]
   ✓(C) [C]   (D) [D]

   해설 혜성이 일관성 있게 궤도를 따라가기 때문에 과학자들은 혜성이 지구 근처를 지나가는 시기를 예측할 수 있다는 것에 따른 예이므로 [C]에 삽입하는 것이 타당하다.

Exercise 1

Robots in Medicine

Read the following passage and answer the question.

Using robots to assist with medical procedures offers many benefits. [A] At the moment, even a simple operation can involve as many as twelve people. In the near future only one surgeon and one or two nurses may be needed. [B] This will make operations much less expensive. It will also mean less waiting time for operations because there will be more medical staff to do them. [C]

Robots can also help to reduce the risk of infection occurring during surgery. [D] Before an operation, medical teams wash their hands and arms very carefully. However, even when they wash carefully, human beings can still carry dangerous bacteria. This is because when surgeons open a body, bacteria can enter and cause serious problems. Robots are much safer because they can be completely sterilized, using chemicals or heat to kill all the bacteria.

Vocabulary medical 의학의 procedure 절차 benefit 이점, 이익 operation 수술 surgeon 외과의 expensive 값비싼 infection 전염, 감염 bacteria 박테리아 sterilize 살균하다, 소독하다

1 Look at the four squares [■] that indicate where the following sentence could be added to paragraph 1.

For example, they can greatly reduce the cost of healthcare.

Where would the sentence best fit?

(A) [A]
(B) [B]
(C) [C]
(D) [D]

TEXT MAP Complete the map of the passage.

Benefits of Using Robots in Medicine

1. Reduce the cost of healthcare

2. (1) _____ for operations - More medical staff will be available

3. Reduce (2) _____ occurring during surgery
   - Robots can be completely (3) _____

Vocabulary & Composition

A. Select the synonym for each word or phrase.

1	procedure	a. study	b. event	c. process	d. investigation
2	benefit	a. dream	b. advantage	c. development	d. adventure
3	expensive	a. exciting	b. difficult	c. dangerous	d. costly

B. Complete the sentences using the given words or expressions.

sterilize	infection	operation

1. 재사용하기 전에 낙농 회사들은 반드시 우유병을 주의 깊게 살균해야 한다. (dairy company / milk bottle)
   Before reusing them, _____.

2. 환자들은 매 수술마다 마취를 받을 필요가 없다. (put to sleep)
   Patients do not need to _____.

3. 눈병은 미취학 아동들에게 흔히 일어난다. (common / preschool)
   _____.

Exercise 2 — Meteor

Read the following passage and answer the questions.

The term meteoroid, or meteor, refers to any matter that is too small to be called a comet. [A] Meteor comes from the Greek word 'meteoron' which means 'a thing in the sky.' Even though they are small, when they enter into the Earth's atmosphere they are so bright that they can easily be seen. [B]

When the sky is clear, usually one or two meteors can be seen each hour. However, sometimes there are meteor showers when many of them can be seen all at once. This usually happens when the Earth passes through the tail of a comet. [C]

Meteorites and meteors are different. Meteorites are larger pieces that do not burn up completely and actually hit the ground. [D]

* meteoroid 유성체
* meteorite 운석

Vocabulary matter 물체 enter 들어가다 atmosphere 대기 burn up 태워버리다 due to ~ 때문에 friction 마찰 actually 실제로

1 Look at the four squares [■] that indicate where the following sentence could be added to paragraph 1.

This is because they burn up completely due to the friction caused by moving so fast through the air.

(A) [A]
(B) [B]
(C) [C]
(D) [D]

TEXT MAP   Complete the map of the passage.

Meteoroid, or (1) _____
- Much smaller than a comet
- Can be seen easily
  → (2) _____ completely while they enter the Earth's atmosphere

※ **Moteorite** : Do not burn up completely and (3) _____

Vocabulary & Composition

A. Select the synonym for each word or phrase.

1. matter — a. substance   b. sprit   c. mind   d. meaning
2. enter (into) — a. escape into   b. move into   c. drop into   d. collapse into
3. actually — a. eventually   b. finally   c. really   d. supposedly

B. Complete the sentences using the given words or expressions.

| atmosphere | due to | friction |

1. 그 세월로 인해, 골동품은 매우 값비싸다. (age / valuable)
   _____, antiques _____.

2. 마찰을 줄이기 위해 자동차 엔진은 윤활유를 쓴다. (reduce)
   _____ lubricating oil _____.

3. 지구 대기 안의 오염이 위험한 수준이다. (pollution)
   There are dangerous levels _____.

Exercise 3 — Magnetic Levitation Transport

Read the following passage and answer the questions.

[A] Magnetic levitation transport, or 'Maglev', is a form of transportation that moves vehicles using electromagnetic energy. [B] Due to the lack of physical contact between the track and the vehicle, the only friction would come from air. [C] They could travel much faster than current trains. [D]

It has been suggested that these new trains could travel as fast as 650 km/h. [E] This rapid speed would enable them to be financially competitive with airplanes that fly a distance of only 1,000 kilometers or less. This is because traveling this way will be just as fast as using a plane to get to the same place. [F]

Maglevs are more cost effective, time efficient, and environmentally friendly than the mass transport systems used now. [G] However, they are very expensive to build. [H] Entirely new systems have to be built.

* electromagnetic 전자석의, 전자기의

Vocabulary transportation 수송 수단, 교통 기관 lack 부족, 결핍 physical 물리적 friction 마찰 current 현재의 maximum 최대치 potential 가능성, 잠재력 competitive 경쟁의, 경쟁적인 efficient 효율적인 environmentally friendly 환경 친화적인

1 Look at the four squares [■] that indicate where the following sentence could be added to paragraph 1.

Therefore, Maglevs have the potential to travel at very high speeds.

Where would the sentence best fit?

(A) A   (B) B   (C) C   (D) D

2 Look at the four squares [■] that indicate where the following sentence could be added to paragraph 2 or 3.

This is because they will not work on the railway tracks that already exist.

Where would the sentence best fit?

(A) E   (B) F   (C) G   (D) H

🔄 TEXT MAP Complete the map of the passage.

Magnetic levitation transport
- (1) _____ energy is used
- Travel faster than current trains
- Makes them competitive with (2) _____

- Benefits : more (3) _____, (4) _____, and (5) _____
- Drawback : expensive to build

🔄 Vocabulary & Composition

A. Select the synonym for each word or phrase.

1	lack	a. power	b. extension	c. discovery	d. deficiency
2	current	a. electric	b. regular	c. contemporary	d. running
3	potential	a. ability	b. possibility	c. function	d. role

B. Complete the sentences using the given words or expressions.

efficient	environmentally friendly	transportation

1. 플라스틱은 환경 친화적인 제품이 아니다.
   Plastic _____.

2. 새로운 기계는 예전 것에 비해 훨씬 더 효율적이다. (far)
   _____.

3. 현대적 수송 방법으로 여행이 더욱 빨라진다. (modern / methods)
   _____ much faster.

Speed Reading 1

A. Read the following passage and check your time.

☐ Time allowed: 30 seconds   ☐ Total Reading Time: _____ seconds

The Three Types of Galaxies

P1 Not all of the galaxies in the universe are the same. For example, there are two particular kinds of galaxies called elliptical and spiral. Elliptical galaxies are collections of stars that stay fairly close together. These galaxies present a larger range of brightness. Some can be up to 10 times brighter, or 1000 times less bright, than other galaxies.

P2 A spiral galaxy contains stars in the shape of long curving arms. This shape is similar to a hurricane or whirlpool. All spiral galaxies have a label that begins with 'S.' This 'S' is usually followed by a lower case letter, such as a, b, or c. One of the best known examples of a spiral galaxy is the Milky Way.

P3 Some galaxies cannot be classified as either spiral or elliptical. These are called irregular galaxies. This is because they do not fit into either category completely. They are, however, closely related to spiral galaxies because they have similar physical features. But, since their shape is different from spiral galaxies, they cannot be classified as being that type of galaxy.

B. Answer the questions.

1 What is the purpose of P2?
(A) Continuing the description of the first kind of galaxy
(B) Explaining another type of galaxy
(C) Contrasting with the first kind of galaxy

2 What does P3 do?

(A) It provides a different galaxy to P1 and P2.

(B) It contrasts with the thoughts in P1 and P2.

(C) It compares facts with P1 and P2.

Text Organization Fill in the blanks and complete the outline of the passage.

P1 _____ - Collections of stars that stay fairly close together

- Present a larger range of _____ than other galaxies

P2 Spiral galaxies

- Contain stars in the shape of _____
  → similar to _____ or whirlpools

- Have a _____ that starts with 'S'

P3 Irregular galaxies

- Have similar physical features to _____

- _____ is different

Practice 1

TOEFL Reading

1. Look at the four squares [■] that indicate where the following sentence could be added to the passage.

   For example, there are two particular kinds of galaxies called elliptical and spiral.

   Where would the sentence best fit? Choose a square [■] to add the sentence to the passage.

   Ⓐ 　Ⓑ 　Ⓒ 　Ⓓ

2. Why does the author mention a hurricane in paragraph 2?

   Ⓐ To show that spiral galaxies are like storms
   Ⓑ To describe what a spiral galaxy looks like
   Ⓒ To explain why spiral galaxies are different from elliptical ones
   Ⓓ To prove that spiral galaxies are different from irregular ones

3. Based on the information in paragraph 3, why are some galaxies called irregular galaxies?

   Ⓐ Because they are much older than other galaxies.
   Ⓑ Because unlike other galaxies, they keep changing their shape.
   Ⓒ Because they are similar but not exactly the same as other galaxies.
   Ⓓ Because they are too large to fit into the same categories as other galaxies.

4. The phrase fit into in paragraph 3 is closest in meaning to

   Ⓐ compare with
   Ⓑ change into
   Ⓒ pass by
   Ⓓ belong to

5. The word They in paragraph 3 refers to

   Ⓐ Elliptical galaxies
   Ⓑ Spiral galaxies
   Ⓒ Irregular galaxies
   Ⓓ Some galaxies

The Three Types of Galaxies

Not all of the galaxies in the universe are the same. **A** Elliptical galaxies are collections of stars that stay fairly close together. These galaxies present a larger range of brightness. Some can be up to 10 times brighter, or 1000 times less bright, than other galaxies.

B A spiral galaxy contains stars in the shape of long curving arms. This shape is similar to a hurricane or whirlpool. All spiral galaxies have a label that begins with 'S.' This 'S' is usually followed by a lower case letter, such as a, b, or c.

Some galaxies cannot be classified as either spiral or elliptical. **C** These are called irregular galaxies. This is because they do not fit into either category completely. **D** They are, however, closely related to spiral galaxies because they have similar physical features. But, since their shape is different from spiral galaxies, they cannot be classified as being that type of galaxy.

* elliptical galaxy 타원 성운
* spiral galaxy 나선 성운
* irregular galaxy (특정 형태도 없고 질량도 작은) 불규칙 은하

vocabulary galaxy 성운, 은하계   elliptical 타원의   spiral 나선형의   fairly 꽤, 상당히   whirlpool 소용돌이   irregular 불규칙적인   category 카테고리, 범주

Speed Reading 2

A. Read the following passage and check your time.

☐ Time allowed: 30 seconds   ☐ Total Reading Time: _____ seconds

Weather Tools

P1 Meteorologists use a variety of tools to help them gather information about the weather. Most of these tools are used close to the Earth's surface. However, collecting data from other parts of the atmosphere helps to create a better overall picture of the weather.

P2 For viewing large weather systems on a worldwide scale, weather satellites are invaluable. With satellites, forecasters can observe weather globally as it is actually occurring. They reveal real-time weather events such as cloud formations and hurricanes. Recent satellite data is so detailed it can even provide weather observations for individual States.

P3 On each satellite there are two types of sensors. It works like a camera helping to gather information on cloud movements and patterns. This sensor can only be used during daylight hours. The second sensor is called the "sounder." It is an infrared sensor that is used at night. It can collect information using heat instead of light.

B. Answer the questions.

1. **What is the main purpose of P2?**
   (A) Introducing the topic in P3
   (B) Introducing the main topic of the passage
   (C) Summarizing the main idea in P1

2 What does P3 do?

(A) It explains P2 in detail.
(B) It concludes the passage.
(C) It introduces other major tools.

Text Organization
Fill in the blanks and complete the outline of the passage.

P1 Weather data from other parts of the atmosphere

→ Help to create a better overall picture of the weather

P2 _____

- Can observe weather globally
- Reveal real-time weather events: _____, _____
- Provide detailed data for _____

P3 Two types of sensors

1. _____ - a _____ sensor
   - give information on cloud movements and patterns
   - be used during _____

2. Sounder - an _____ sensor
   - be used at _____ : collect information using _____

Practice 2

TOEFL Reading

1. Look at the four squares [■] that indicate where the following sentence could be added to the passage.

   One is a visible light sensor called the "imager."

   Where would the sentence best fit? Choose a square [■] to add the sentence to the passage.

   Ⓐ A   Ⓑ B   Ⓒ C   Ⓓ D

2. The word gather in paragraph 1 is closest in meaning to

   Ⓐ classify
   Ⓑ collect
   Ⓒ control
   Ⓓ store

3. The word They in paragraph 2 refers to

   Ⓐ Satellites
   Ⓑ Forecasters
   Ⓒ Hurricanes
   Ⓓ States

4. In paragraph 2, which of the following is NOT true about satellites?

   Ⓐ Satellites show the cause of weather.
   Ⓑ Satellites show weather happening.
   Ⓒ Satellites show weather in detail.
   Ⓓ Satellites show weather globally.

5. According to paragraph 3, when is the best time to use the 'sounder?'

   Ⓐ When it is hot.
   Ⓑ When it is cold.
   Ⓒ When it is bright.
   Ⓓ When it is dark.

Weather Tools

Meteorologists use a variety of tools to help them gather information about the weather. Most of these tools are used close to the Earth's surface. However, collecting data from other parts of the atmosphere helps to create a better overall picture of the weather.

For viewing large weather systems on a worldwide scale, weather satellites are invaluable. [A] With satellites, forecasters can observe weather globally as it is actually occurring. They reveal real-time weather events such as cloud formations and hurricanes. [B] Recent satellite data is so detailed it can even provide weather observations for individual States.

On each satellite there are two types of sensors. [C] It works like a camera helping to gather information on cloud movements and patterns. [D] This sensor can only be used during daylight hours. The second sensor is called the "sounder." It is an infrared sensor that is used at night. It can collect weather information using heat instead of light.

* sensor (빛, 온도 등의 자극을 신호로 바꾸는) 감지기, 감지 장치

vocabulary meteorologist 기상학자 tool 도구 surface 표면 overall 총체적인, 전부의 satellite 인공위성 invaluable 매우 귀중한 forecaster 일기 예보관 globally 전 세계에 걸쳐 reveal 드러내다, 보이다 real-time 실시간으로 formation 형성 visible 볼 수 있는, 눈에 보이는 daylight 낮 infrared 적외선의 temperature 온도

Vocabulary Test

A Write the meaning of each word or expression.

1. sterilize _____
2. diameter _____
3. efficient _____
4. procedure _____
5. ellipse _____
6. satellite _____
7. potential _____
8. overall _____
9. consistency _____
10. visible _____

B Fill in the blanks with the appropriate word or phrase. Change the form if needed.

temperature	category	surface	friction	rarely

1. This book falls into the _____ of non-fiction.
2. The _____ caused by rubbing wood together can start a fire.
3. When people have the flu, their body _____ increases.
4. Submarines are used to travel under the _____ of the water.
5. Japanese _____ talk to strangers in public places.

C Choose the closest meaning of each underlined word or phrase.

1. Life is so precious, it is invaluable.
   (a) expensive   (b) worthless   (c) priceless   (d) exciting

2. Most students are at least fairly good with computers.
   (a) reasonably   (b) approximately   (c) honestly   (d) definitely

3. Artists do not like to reveal their work until it is finished.
   (a) hide   (b) show   (c) sell   (d) protect

4. The weather forecast predicts heavy rain for tomorrow.
   (a) deny   (b) respect   (c) judge   (d) foretell

5. A hammer is a very useful tool.
   (a) metal   (b) item   (c) vehicle   (d) instrument

Chapter 06

INFERENCE

EDUCATION

Overview

Inference

Inference 문제는 글에서 직접적으로 언급되지는 않지만 글 속에 제시된 내용을 근거로 숨어 있는 의미나 결론 등을 예측하는 문제이다.

Question type

- Which of the following can be inferred about X?
- It can be inferred from paragraph X that …

General Strategy

- 글에 나오는 정보에 근거해 추론한다.
  오답 유형을 알면 올바른 추론을 한 보기를 고르는 데 도움이 된다.

  ▶ 오답 유형
  - 글의 내용을 다르게 말하는 보기 (not true)
  - 사실에 근거하지 않고 너무 비약한 보기 (not based on fact)
  - 글의 주어진 정보를 그대로 paraphrase만 한 보기

Sample Item Read the passage and answer the question.

Home Schooling

Education in public schools has been declining for many years while home schooling is becoming increasingly popular. There are many reasons why parents choose home schooling and two of those reasons are safety and morality. A good and safe school environment is a place where teachers are able to teach and students are able to learn, without the fear of bullying and violence. This kind of safe environment is obviously more favorable for learning. Home schooling also allows the parent to encourage their children to accept moral and religious values.

Vocabulary increasingly 점점   morality 도덕, 윤리   bullying 괴롭히기(왕따)   violence 폭력   obviously 명백하게   favorable 유리한   moral 도덕의   values 가치관

1 What can be inferred from the passage?
   (A) In public schools, religious values are not considered to be important.
   (B) Both teachers and students agree that many schools are dangerous.
 ✓ (C) Many parents now feel that their children are not safe in public schools.
   (D) Students who get home schooling perform better than those in public schools.

해설 많은 학부모들이 공립학교보다 홈 스쿨링을 선택하는 이유 두 가지는 안전과 윤리 때문이다. 그 뒤에 안전한 환경이란 괴롭히거나 폭력이 없는 환경이라는 등의 내용이 나오는 것으로 보아, 학부모들이 공립학교의 환경이 자녀들에게 안전하지 못하다고 여기기에 점점 홈 스쿨링을 선택한다는 것을 추론할 수 있다.

Exercise 1

Technology in the Classroom

Read the following passage and answer the questions.

Technology is a very useful classroom tool. Slate, a kind of portable blackboard, was one of the first kinds of technology used in classrooms. The 35mm camera was an invention that greatly benefited students. Photographs made it possible for students to see, not just read about, interesting things from all around the world. The use of the film projector was another innovation that helped teachers to educate students, making lessons much more stimulating. Later, television came into the classroom. Today, the latest technology is the computer and the Internet. They have greatly expanded the way in which information can be delivered to students. Educators are now exploring how computers and the use of the Internet can help students increase their ability to learn.

* slate 슬레이트　* film projector 영사기

Vocabulary　useful 유용한　portable 휴대용의, 들고 다닐 수 있는　innovation 혁신, 기술 혁신　stimulating 자극하는, 활기를 띠게 하는　latest 최신의　expand 확장하다　deliver 전하다　explore 조사하다, 탐구하다

1. **What can be inferred about the technology in the classroom?**
   (A) It replaces traditional teaching which was mostly verbal.
   (B) It enables students to learn by themselves without a teacher.
   (C) Many different types of technology have been used for education.
   (D) The Internet is the most effective teaching technology.

2. **What can be inferred about the influence of the latest technology?**
   (A) It has proved to be much more efficient.
   (B) Using it makes students work much harder.
   (C) Adapting to using it is difficult for educators.
   (D) It gives students greater access to information.

TEXT MAP   Complete the map of the passage.

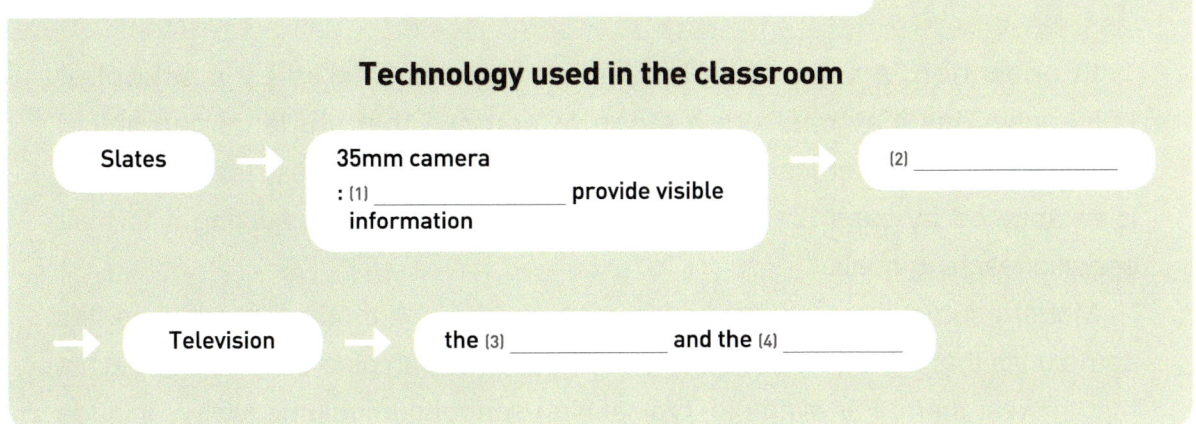

Technology used in the classroom

Slates → 35mm camera : (1) _____ provide visible information → (2) _____

→ Television → the (3) _____ and the (4) _____

Vocabulary & Composition

A. Select the synonym for each word or phrase.

1. latest   a. last   b. coming   c. up-to-date   d. exact
2. stimulating a. motivating   b. destroying   c. modifying   d. damaging
3. explore   a. confirm   b. learn   c. state   d. examine

B. Complete the sentences using the given words or expressions.

| useful | innovation | expand |

1. 식사 일기는 체중을 줄이려는 사람들에게 굉장히 유용한 도구가 될 수 있다. (lose weight)
   A food diary can be _____ for people trying to _____.

2. 혁신은 음악에 있어 성공의 열쇠이다.
   _____ is the key _____ in music.

3. 그녀는 사업을 확장시키려 하고 있었다.
   She was trying to _____.

Exercise 2 Curriculum

Read the following passage and answer the questions.

In education, a curriculum is a set of courses offered by a school or university. This may relate to a range of courses that students can select from, or may be a set learning program. In the United States, the curriculum is established by each State, with different school districts adjusting it to their specific teaching goals.

Modern curriculums are becoming more modular. A modular curriculum has some units that are compulsory. However, students can also choose some units that interest them. For example, typical high school curriculums always include units on English, Math, Science and Art with elective units such as computer programming and foreign languages.

* modular curriculum 모듈 방식 커리큘럼

Vocabulary curriculum 교과 과정 select 고르다, 선택하다 establish 정하다, 수립하다 school district (미국의) 학군 adjust 조절(조정)하다 specific 특정한, 특수한 compulsory 의무적인, 필수의 elective (과목을) 임의로 선택할 수 있는; 선택 과목

1 It can be inferred from paragraph 1 that:

(A) each State in the U.S. prefers the schools to create the curriculums.
(B) students have no freedom to select the courses that they will study.
(C) schools in the same States may have different curriculum contents.
(D) school districts can reject the curriculum given to them by the State.

2 What can be inferred about modern curriculums?

(A) There are some units that students will not understand.
(B) It provides students with a greater freedom of choice.
(C) English, Math, Science, and Art are not compulsory units.
(D) Learning goals are not important for every unit of a curriculum.

TEXT MAP Complete the map of the passage.

(1) _____ : A set of courses offered by a school or university
- In America, (2) _____ establishes its own curriculum
• Modern curriculums - A (3) _____
  → Have (4) _____ units and elective units

Vocabulary & Composition

A. Select the synonym for each word or phrase.

1	establish	a. give	b. take	c. build	d. grow
2	select	a. organize	b. accept	c. connect	d. choose
3	compulsory	a. required	b. important	c. difficult	d. certain

B. Complete the sentences using the given words or expressions.

adjust	curriculum	specific

1 사진작가들은 카메라의 렌즈를 사용하여 빛을 조절한다. (lenses)
Photographers _____ on their cameras.

2 다루어져야 하는 몇 가지 특정한 문제가 있다. (several)
_____ to be dealt with.

3 잘 짜인 커리큘럼은 교사들의 수업 짜는 시간을 줄여준다. (well-planned)
_____ a lot of planning time.

Chapter 6 | Inference 107

Exercise 3 — Standardized Testing

Read the following passage and answer the questions.

Traditionally schools created and used their own individual methods to evaluate students. Evaluations were based on things like quizzes, homework, and exams. However, that has changed and now many countries use standardized testing.

One of the main reasons for this change was the fact that people wanted to remove any bias from the testing process. They wanted to make it more equal and fair. Standardized testing means that all students prepare for the same test. This is supposed to be fairer because the same material is used to compare the ability of different students.

However, not everyone agrees that standardized testing is a good idea. Some educators claim that because students come from different economic and social backgrounds, individual testing is fairer.

* Standardized Testing 표준화된 시험

Vocabulary individual 개별적인　method 방법　evaluate 평가하다　bias 편견, 선입관　fair 공정한, 공평한　ability 능력　economic 경제의　background 배경

1 What can be inferred about standardized testing?

(A) It is usually harder than individual methods.
(B) At first it was not welcomed by most of educators.
(C) Compared to other methods, its results are more reliable.
(D) It became easier for schools to compare students' abilities.

2 What can be inferred about people who do not support standardized test?

(A) They think that students want greater variety in their tests.
(B) They think that test results can be affected by various factors.
(C) They think that nothing can evaluate a student's progress properly.
(D) They think that the standardized test is not challenging enough.

TEXT MAP Complete the map of the passage.

Standardized Testing

disagree

Meaning: All students prepare for the same test

Reasons:
1. Removing (1) _____ from the testing process
2. Making testing more (2) _____ and (3) _____

Not fair because all students are from different (4) _____ and (5) _____ backgrounds

Vocabulary & Composition

A. Select the synonym for each word or phrase.

1	individual	a. collective	b. indirect	c. separate	d. proper
2	evaluate	a. attract	b. develop	c. discover	d. assess
3	bias	a. control	b. prejudice	c. interest	d. judgment

B. Complete the sentences using the given words or expressions.

fair	method	ability

1. 언어를 배우는 데 있어 최상의 방법은 아무도 모른다.
   Nobody knows _____.

2. 어떤 이들은 그 선거운동이 정말로 공정한 것은 아니었다고 말했다. (campaign)
   Some said that _____.

3. 아이들은 어른들에 비해 훨씬 빨리 낫는 능력이 있다. (heal)
   Children have _____.

Speed Reading 1

A. Read the following passage and check your time.

☐ Time allowed: 30 seconds   ☐ Total Reading Time: _____ seconds

Two Types of Learning Approaches

P1 Some educators suggest that active learning is much better for students than passive learning which is also called a teacher-centered approach. They claim it is important for students to be active, not passive learners. They say that students should be involved more in the development of their own education. A student-centered approach encourages students to be active listeners. They discuss and question what is being taught.

P2 However, other educators disagree, claiming that both of these approaches are required for successful learning. They claim that what is important is that the teacher always maintains a balanced use of both. When the major focus is the teacher, the students do not have the opportunity to work with the material being taught. However, when the major focus is the students, then the teacher has little chance to contribute.

P3 When teachers properly combine the two approaches then both they and their students can take turns playing the passive or active role. This creates a much richer, stimulating and enjoyable learning environment for both of them.

B. Answer the questions.

1. What is the main purpose of P2?
   (A) Debating the argument started in P1
   (B) Supporting the argument started in P1
   (C) Explaining the argument started in P1

2 What is the main purpose of P3?

   (A) Expanding on the contents of P1 and P2
   (B) Summarizing the contents of P1 and P2
   (C) Providing a solution for both P1 and P2

Text Organization   Fill in the blanks and complete the outline of the passage.

P1 Some educator's view

- Active learning is better
    • Be involved more in their learning
    • Be active _____
    • Discuss and question what is being taught

- Passive learning: a _____ approach

P2 Other educator's view

- Both approaches are required
    • Case 1: A teacher as a major focus
      → Students have little chance to work with the material being taught
    • Case 2: A student as a major focus
      → Teachers have little chance to contribute

P3 The results of proper combination of two approaches

→ Make a richer, more _____, and enjoyable learning _____

Practice 1

TOEFL Reading

1. The word passive in paragraph 1 is closest in meaning to
   - Ⓐ boring
   - Ⓑ complex
   - Ⓒ productive
   - Ⓓ docile

2. The word They in paragraph 1 refers to
   - Ⓐ Educators
   - Ⓑ Teachers
   - Ⓒ Students
   - Ⓓ Listeners

3. Look at the four squares [■] that indicate where the following sentence could be added to the passage.
   From all of these features, it is considered a more interactive approach.

   Where would the sentence best fit? Choose a square [■] to add the sentence to the passage.

   Ⓐ A   Ⓑ B   Ⓒ C   Ⓓ D

4. According to the passage, what can be a possible problem with a student-centered approach?
   - Ⓐ Students can be too passive about their learning.
   - Ⓑ Students have too much control over their learing.
   - Ⓒ Students lose interest in learning and perform poorly.
   - Ⓓ Students do not respect teachers and ignore them.

5. Which of the following can NOT be inferred from the passage?
   - Ⓐ Students are expected to voluntarily participate in some classes.
   - Ⓑ Active learning requires students to become a good listener and a speaker.
   - Ⓒ Staying still and just following the teacher's guide is very effective in learning.
   - Ⓓ Making rich, stimulating, and enjoyable learning environment improves learning.

Two Types of Learning Approaches

Some educators suggest that active learning is much better for students than passive learning which is also called a teacher-centered approach. [A] They claim it is important for students to be active, not passive learners. [B] They say that students should be involved more in the development of their own education. A student-centered approach encourages students to be active listeners. [C] They discuss and question what is being taught. [D]

However, other educators disagree, claiming that both of these approaches are required for successful learning. They claim that what is important is that the teacher always maintains a balanced use of both. When the major focus is the teacher, the students do not have the opportunity to work with the material being taught. However, when the major focus is the students, then the teacher has little chance to contribute.

When teachers properly combine the two approaches, then both they and their students can take turns playing the passive or active role. This creates a much richer, stimulating, and enjoyable learning environment for both of them.

vocabulary active 능동적인 teacher-centered 교사 중심의 interactive 서로 작용하는 disagree 의견이 다르다 maintain 유지하다 opportunity 기회 contribute 이바지하다 take turns 교대로 하다

Speed Reading 2

A. Read the following passage and check your time.

☐ Time allowed: 30 seconds   ☐ Total Reading Time: _____ seconds

School Violence

P1 School violence is defined as any physical or verbal attack in school, and it is becoming increasingly common and more severe.

P2 There are two main causes of violence in schools: parents and mass media. Children often copy their parents' aggressive behavior and some parents do not discipline their children properly. Mass media, such as movies or video games, exposes children to violence which is believed to play a role in the increase of violence in schools.

P3 In most cases, early warning signs, such as behavioral and emotional problems, can signal that a child is in need of counseling. Quick treatment can prevent those problems leading to acts of violence. Such signs can include poor performance in school, violent artwork, and uncontrolled anger.

P4 There are many policies that school systems can apply to reduce school violence. These include 'conflict resolution' programs and 'zero tolerance' policies. Conflict resolution programs are aimed at solving the issue of violence in schools by training students to develop skills like empathy and cooperation. Zero tolerance aims to immediately suspend or throw out a student who demonstrates violent behavior of even a minor nature.

B. Answer the questions.

1. What is the main purpose of P2?
   (A) It provides a contrast to the argument given in P1.
   (B) It provides a solution for the problem identified in P1.
   (C) It provides reasons for the problem identified in P1.

2 What is the main function of P4?

(A) It provides possible solutions to the problem introduced in P1.

(B) It provides further explanation of the information contained in P2.

(C) It provides a conclusion to the issues raised in P1 and P2.

Text Organization
Fill in the blanks and complete the outline of the passage.

P1 School violence: Physical or verbal attack in school

P2 Two main causes
- _____ and _____

P3 Importance of catching early warning signs
- Prevent acts of _____

P4 Two policies to reduce school violence
- _____: Training students to develop relationship skills
- _____: Immediate response to violent acts

Practice 2

TOEFL Reading

HIDE TIME 02:10:00

1. According to paragraph 2, what can be inferred about parents with violent children?

    Ⓐ Their parents were also harsh to them when they were young.
    Ⓑ They cannot judge the difference between right and wrong.
    Ⓒ Parents who watch too much TV tend to be aggressive.
    Ⓓ Some do not realize how their behavior affects their children.

2. Which of the following best expresses the essential information in the highlighted sentence in paragraph 2? *Incorrect* choices change the meaning in important ways or leave out essential information.

    Ⓐ Movies and video games are the main elements in mass media that cause children to act violently in school.
    Ⓑ Mass media affects children negatively so children are likely to be violent both in home and at school.
    Ⓒ Mass media might be one reason why children are becoming more violent at school.
    Ⓓ Students will become much more violent at school when they play video games too much.

3. According to paragraph 3, why is a quick response to warning signs important?

    Ⓐ It saves schools and parents a lot of money.
    Ⓑ It stops violence from occurring in schools.
    Ⓒ It protects teachers from violent students.
    Ⓓ It helps students improve their performance.

4. The phrase throw out in paragraph 4 is closest in meaning to

    Ⓐ expel   Ⓑ test
    Ⓒ examine   Ⓓ scold

5. Why does the author mention 'conflict resolution' programs and 'zero tolerance' policies?

    Ⓐ To show that methods which school systems use are not effective
    Ⓑ To demonstrate the problems and limits that those two methods have
    Ⓒ To provide some methods that school systems can take against school violence
    Ⓓ To outline the most effective methods for dealing with violence in schools

School Violence

School violence is defined as any physical or verbal attack in school, and it is becoming increasingly common and more severe.

There are two main causes of violence in schools: parents and mass media. Children often copy their parents' aggressive behavior and some parents do not discipline their children properly. Mass media, such as movies or video games, exposes children to violence which is believed to play a role in the increase of violence in schools.

In most cases, early warning signs, such as behavioral and emotional problems, can signal that a child is in need of counseling. Quick treatment can prevent those problems leading to acts of violence. Such signs can include poor performance in school, violent artwork, and uncontrolled anger.

There are many policies that school systems can apply to reduce school violence. These include 'conflict resolution' programs and 'zero tolerance' policies. Conflict resolution programs are aimed at solving the issue of violence in schools by training students to develop skills like empathy and cooperation. Zero tolerance aims to immediately suspend or throw out a student who demonstrates violent behavior of even a minor nature.

vocabulary verbal 말의, 구두의 severe 심한 aggressive 공격적인 discipline 훈련하다, 징계하다 expose 노출시키다 behavioral 행동의 emotional 감정적인 signal ~을 나타내다 prevent 막다, 방지하다 uncontrolled 억제되지 않은 policy 정책, 방법 conflict 갈등 empathy 공감 cooperation 협동 immediately 즉시 suspend 정학시키다

Vocabulary Test

A Write the meaning of each word or expression.

1. bias _____
2. conflict _____
3. empathy _____
4. portable _____
5. increasingly _____
6. establish _____
7. compulsory _____
8. stimulating _____
9. discipline _____
10. innovation _____

B Fill in the blanks with the appropriate word or phrase. Change the form if needed.

cooperation	opportunity	economic	interactive	evaluate

1. Living in a country like Australia is a great _____ to practice speaking English.
2. The market situation is difficult to _____ .
3. Modern museums now create _____ displays to make them more interesting.
4. _____ between governments is becoming more common in space exploration.
5. _____ growth is slowing down.

C Choose the closest meaning of each underlined word or phrase.

1. <u>Obviously</u>, men and women have very different ways of thinking.
   (a) Sadly (b) Clearly (c) Often (d) Originally

2. Lifting a rock in a rain forest will often <u>expose</u> insects.
   (a) endanger (b) excite (c) reveal (d) frighten

3. Large doses of vitamin C may help to <u>prevent</u> people from catching colds.
   (a) stimulate (b) cure (c) encourage (d) stop

4. Arthritis causes very <u>severe</u> pain in people's bones and joints.
   (a) extreme (b) steady (c) swift (d) damaging

5. Almost <u>immediately</u> the car stopped, and the driver got out.
   (a) shockingly (b) quietly (c) disappointingly (d) instantly

Chapter 07

PROSE SUMMARY

MEDICAL SCIENCE & ENVIRONMENT

Overview

Prose Summary

- Prose summary 문제는 전체 글을 이해하고 글을 이루는 각 단락의 핵심 내용을 제대로 요약할 수 있는가를 측정하는 문제이다.

Question type

- **Directions:** An introductory sentence for a brief summary of the passage is provided below. Complete the summary by selecting the THREE answer choices that express the most important ideas in the passage. Some sentences do not belong in the summary because they express ideas that are not presented in the passage or are minor ideas in the passage. This question is worth 2 points.

> Drag yout answer choices to the spaces where they belong.
> To review the passage, click on View Text.

Introductory sentence will be given here

-
-
-

General Strategy

- 각 단락의 핵심적인 내용을 파악한다.

- 오답의 유형을 파악한다.
    - 보기의 내용이 글에 나온 것인지 나오지 않은 것인지를 판단한다.
    - 글에 나온 소재를 다루고 있지만 잘못 언급하고 있는 보기는 제거한다.
    - minor information : 예나 부연 설명을 다루는 보기는 제외한다.

Sample Item Read the passage and answer the question.

Primary and Secondary Recycling

There are two different ways to recycle glass, metal, and paper. These are called primary recycling and secondary recycling.

Primary recycling is when consumed waste products are recycled into the exact same products. For example, when aluminum cans are recycled into aluminum cans, or when newspapers are recycled into newspapers. With this type of recycling, materials have to be melted or converted in factories. This uses energy and can cause some pollution.

Secondary recycling is when waste materials are converted into different, usually lower quality products. For example, you might use an empty egg-box to store jewelry, or an empty Coca Cola bottle could easily serve as a water bottle when you go hiking. This type of recycling, also known as down cycling, helps reduce pollution, and saves energy because no further processing or use of energy is required. Therefore, secondary recycling is much better for the environment.

Vocabulary metal 금속, 금속 제품 waste product 폐기물 melt 녹이다 convert 바꾸다, 전환하다
pollution 오염, 공해 store 저장하다 jewelry 보석류 processing 화학적인 가공 처리

1 **Directions:** An introductory sentence for a brief summary of the passage is provided below. Complete the summary by selecting the TWO answer choices that express the most important ideas in the passage. Some sentences do not belong in the summary because they express ideas that are not presented in the passage or are minor ideas in the passage.

There are two types of recycling: primary and secondary recycling.

Answer choices

(A) They are totally different because materials used for recycling and the process of recycling are different.

✓ (B) Primary recycling uses factories to remake the same products but it can cause some pollution.

(C) Using empty Coca Cola bottles for water holders and empty egg-boxes as jewelry containers are good examples of secondary recycling.

✓ (D) Secondary recycling is better for society because materials are reused as lower quality products without any factory processing.

해설 1차 재활용은 소비된 폐기물이 정확하게 같은 제품으로 재활용되는 것으로, 재료가 공장에서 공정 과정을 거치기 때문에 오염을 유발할 수 있다. 2차 재활용은 폐기물을 주로 낮은 품질의 제품으로 바꾸는 것으로 공정 과정도 없고 에너지를 사용하지 않기 때문에 오염을 일으키지 않아 환경에 보다 나은 방법이다. 이런 요점을 잘 나타낸 문장은 (B)와 (D)이다.

Exercise 1

The Effects of Caffeine

Read the following passage and answer the question.

Caffeine is a drug made from white plant powder mixing together four different chemicals: hydrogen, nitrogen, carbon, and oxygen. It is found in many different products like coffee, tea, sodas, and headache tablets.

One of good effects of caffeine is that it helps our body to process food faster, thus helping us to burn fat. This is why caffeine is often used in diet pills. Some good effects on the brain are increased concentration, better mental performance, and being more awake.

Some bad effects are faster heart rates and higher blood pressure. It also makes us go to the toilet more, so we lose water, vitamins, and minerals faster, which can lead to kidney damage. A continuous intake of caffeine can make people depend on it and can lead to addiction. The more we consume, the more we need for the same effects. This can lead to an overdose (taking too much), which can cause permanent damage to our bodies or even death.

Vocabulary drug 약 hydrogen 수소 nitrogen 질소 carbon 탄소 oxygen 산소 headache 두통 tablet 정제 pill 알약 concentration 집중(력) blood pressure 혈압 kidney 신장 continuous 지속적인, 끊임없는 intake 섭취(량) addiction 중독 overdose 과량 복용 permanent 영구적인

1 Complete the summary by selecting the TWO answer choices that express the most important ideas in the passage.

Caffeine is a drug that can be found in many products.

(A) Increasing concentration and burning fat are caffeine's most useful effects.

(B) Caffeine can be addictive and increasing the amount taken is required to keep producing the same effect.

(C) Caffeine has negative impact on our bodies and it can even lead to addiction.

(D) Diet pills often contain caffeine because it helps people burn fat faster.

(E) Caffeine has some positive effects on our bodies making the body function better.

Vocabulary & Composition

A. Select the synonym for each word or phrase.

1	continuous	a. massive	b. controlled	c. repeated	d. rapid
2	concentration	a. focus	b. intelligence	c. activity	d. comprehension
3	permanent	a. complete	b. painful	c. extreme	d. enduring

B. Complete the sentences using the given words or expressions.

pill	intake	addiction

1 알약은 때때로 삼키기가 매우 어렵다. (swallow)
   _____.

2 어린이들 사이에서 컴퓨터 게임에 중독되는 아이들이 늘어나고 있다. (growing addiction)
   There is _____ among children.

3 칼로리 섭취를 줄이는 것은 성공적인 체중 감량의 주요한 부분이다. (calorie / weight loss)
   _____ is a major part of _____.

Exercise 2: Zebra Mussels in the Great Lakes

Read the following passage and answer the question.

Zebra mussels in the Great Lakes pose a threat to its ecosystem. They are not native to these waters. It was not until 1988 that they were first discovered.

Ships from European waters transported the zebra mussel, attached to their hulls. It quickly spread to all of the Great Lakes. This species has attached itself to almost every possible solid item. Their negative effects are tremendous and wide ranging.

Zebra mussels sometimes block water pipes and removing them has cost an estimated 2 billion dollars. They also place stress on an already delicate ecosystem, competing with native species for food and habitat. They eat many of the microorganisms that are an important part of the local food chain. This has led to a reduction in the population of native species.

Government agencies are trying to solve this problem. They are conducting scientific tests with the aim of discovering how to make it harder for zebra mussels to attach themselves to water pipes. Also, a search is being made for a species that will destroy, or at least reduce, the zebra mussel population.

* zebra mussel 얼룩 홍합   * microorganism 미생물

Vocabulary pose (문제를) 일으키다, 제기하다 ecosystem 생태계 transport 운송(수송)하다 attach 붙이다 hull 선체 solid 단단한 wide ranging 광범위한 block 막다 estimated 견적의, 추측의 delicate 예민한, 깨지기 쉬운, 섬세한 compete (with) 경쟁하다 habitat 서식지 local 지방의 food chain 먹이 사슬 conduct 수행하다 scientific 과학적인 aim 목적 destroy 박멸하다, 죽이다

1 Complete the summary by selecting the THREE answer choices that express the most important ideas in the passage.

The introduction of non-native species can have a devastating effect on the local environment.

(A) Zebra mussels reached the Great Lakes by attaching themselves to the hulls of ships coming from European waters.

(B) Removing zebra mussels from water pipes in the Great Lakes has so far cost approximately 2 billion dollars.

(C) Negative effects from zebra mussels include blocking water pipes and reducing the population of native species.

(D) Government agencies are working very hard to find a solution by conducting scientific tests.

(E) Government agencies are searching for ways to prevent zebra mussels from attaching to water pipes and also for a species that will reduce or destroy the population.

Vocabulary & Composition

A. Select the synonym for each word or phrase.

1	delicate	a. fragile	b. dying	c. confused	d. growing
2	compete	a. cover	b. face	c. contend	d. conquer
3	block	a. damage	b. choke	c. disclose	d. endow

B. Complete the sentences using the given words or expressions.

habitat	aim	scientific

1 북극은 북극곰의 자연 서식지이다. (natural / polar bear)
The North Pole _____ .

2 양치질의 목적은 충치를 예방하는 것이다. (tooth decay)
_____ is to avoid _____ .

3 과학적 방법들이 항상 객관적인 것은 아니다. (objective)
_____ .

Exercise 3
Chronic Fatigue and Immune Dysfunction Syndrome (CFS)

Read the following passage and answer the question.

Chronic Fatigue and Immune Dysfunction Syndrome, better known as CFS, is a serious illness that affects almost 800,000 people a year. A person with CFS can be exhausted even by going to the grocery store because his brain struggles to process all the light, noise, and movement.

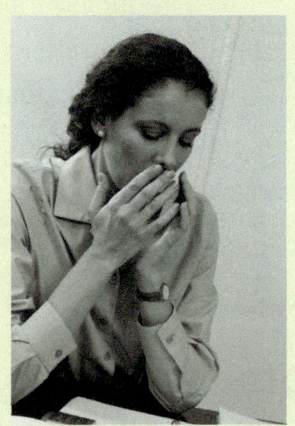

The physical symptoms of CFS include sore throats, headaches, exhaustion, depression, shortness of breath, and muscle and joint pain. People with CFS also often have symptoms such as confusion, or memory loss. People who have suffered from four or more of these symptoms for the last six months may have CFS. It is more likely for females to have CFS than men. Research has shown that the illness is three times more common in women.

The cause of CFS is still unknown and a full recovery is uncommon, with only 4% of CFS patients actually regaining a normal life. There is actually no real course of medicine other than treating each symptom, and encouraging CFS patients to lead a healthier lifestyle.

* Chronic Fatigue and Immune Dysfunction Syndrome(CFS) 만성 피로 증후군
* confusion [정신의학] 정신 착란, 의식 장애

Vocabulary exhausted 소진된, 지칠 대로 지친 symptom 증상 sore 아픈 depression 우울증 shortness 부족, 결핍 joint 관절 pain 아픔, 고통 recovery 회복 regain 되찾다 normal 정상적인 patient 환자

1 Complete the summary by selecting the TWO answer choices that express the most important ideas in the passage.

CFS is a disease that lasts for a very long time, sometimes a person's entire life.

(A) The brain struggles to process information and this makes the person suffer from severe exhaustion.

(B) CFS is a serious illness causing exhaustion and there are many symptoms.

(C) The cause of CFS is unknown and various treatments used to try and cure CFS have so far been ineffective.

(D) People who suffer from CFS are unable to work or enjoy their leisure time.

(E) CFS can be more easily found in women.

Vocabulary & Composition

A. Select the synonym for each word or phrase.

1	exhausted	a. dazzled	b. deceived	c. fascinated	d. drained
2	recovery	a. escape	b. healing	c. conversion	d. retraining
3	pain	a. discharge	b. suffering	c. crash	d. stability

B. Complete the sentences using the given words or expressions.

regain	shortness	patient

1 흡연은 종종 숨을 가쁘게 만든다.
   Cigarette smoking often _____.

2 많은 성인들이 젊은 외모를 되찾을 수 있기를 바란다. (youthful looks)
   Many adults wish _____.

3 환자에게는 간호사와 의사, 둘 다가 필요하다.
   _____.

Speed Reading 1

A. Read the following passage and check your time.

☐ Time allowed: 30 seconds   ☐ Total Reading Time: _____ seconds

Waste Management in the United States

P1 Even though the United States contains less than five percent of the world's population it produces almost one-third of the world's solid waste. A lot of this waste is environmentally dangerous. What can be done about this problem? There are two possible solutions. One is called 'waste management' and the other 'waste prevention'.

P2 Waste management is a high-waste approach. People who support this approach claim that waste is an unavoidable by-product of economic growth. So they attempt to manage waste by reducing the environmental damage it causes. Recycling is one management method relied on. However, despite modern advances in this field, (a) approximately 60% of home and business waste is still disposed of in landfills. Also, they are starting to release poisons into the environment.

P3 The other solution, waste prevention, is a low-waste solution. (b) It approaches waste as something that is avoidable. It identifies ways to reduce waste and pollution by decreasing consumption and developing products that last longer. This is a long-term solution but requires major changes in the current attitudes regarding manufacturing and consumption.

P4 Scientists estimate that current solid and hazardous waste could be reduced by up to 80% if the United States took a low-waste approach. Obviously, this is far better as, unlike a high-waste method, it is sustainable in the long term.

B. Answer the questions.

1 What is (a) in P2?
   (A) Background of the method in P2
   (B) Problem with the method in P2
   (C) Answer to the problem in P1

2 What is (b) in P3?
   (A) Problems with the method in P3
   (B) Extension of the idea in P2
   (C) Major difference from the idea in P2

Text Organization
Fill in the blanks and complete the outline of the passage.

P1 Introduction of 'waste management' and 'waste prevention'

P2 _____ : a high-waste approach
   - Waste: Unavoidable _____ of economic growth
   - Still presents a lot of problems

P3 Waste prevention : a _____
   - Waste: _____
   - Can solve the problem by decreasing consumption, developing long-lasting products

P4 Higher efficiency of waste prevention
   - _____ in the long term

Chapter 7 | Prose Summary

Practice 1

TOEFL Reading

1. Look at the four squares [■] that indicate where the following sentence could be added to the passage.

   As a result, existing landfills are rapidly becoming full.

   Where would the sentence best fit? Choose a square [■] to add the sentence to the passage.

   Ⓐ   Ⓑ   Ⓒ   Ⓓ

2. The word they in paragraph 2 refers to

   Ⓐ people
   Ⓑ products
   Ⓒ landfills
   Ⓓ home and businesses

3. The word hazardous in paragraph 4 is closest in meaning to

   Ⓐ terrific
   Ⓑ toxic
   Ⓒ narrow
   Ⓓ serious

4. How does the author explain two solutions of managing waste?

   Ⓐ By contrasting the two types
   Ⓑ By giving examples of each
   Ⓒ By defining them
   Ⓓ By explaining their problems

Waste Management in the United States

Even though the United States contains less than five percent of the world's population, it produces almost one-third of the world's solid waste. A lot of this waste is environmentally dangerous. What can be done about this problem? There are two possible solutions. One is called 'waste management' and the other 'waste prevention'.

Waste management is a high-waste approach. People who support this approach claim that waste is an unavoidable by-product of economic growth. **A** So they attempt to manage waste by reducing the environmental damage it causes. **B** Recycling is one management method relied on. **C** However, despite modern advances in this field, approximately 60% of home and business waste is still disposed of in landfills. **D** Also, they are starting to release poisons into the environment.

The other solution, waste prevention, is a low-waste solution. It approaches waste as something that is avoidable. It identifies ways to reduce waste and pollution by decreasing consumption and developing products that last longer. This is a long-term solution but requires major changes in the current attitudes regarding manufacturing and consumption.

Scientists estimate that current solid and hazardous waste could be reduced by up to 80% if the United States took a low-waste approach. Obviously this is a far better method as, unlike a high-waste method, it is sustainable in the long term.

* sustainable 자연환경 파괴 없이 유지되는, 고갈됨 없이 이용할 수 있는

vocabulary solid 고체의 unavoidable 불가피한 by-product 부산물 be disposed of 처리되다 landfill 매립지 release 방출하다 poison 유독 물질 consumption 소비 last 오래가다 in the long term 장기적으로 보아 attitude 태도

Practice 1

TOEFL Reading

5. Directions: An introductory sentence for a brief summary of the passage is provided below. Complete the summary by selecting the THREE answer choices that express the most important ideas in the passage. Some sentences do not belong in the summary because they express ideas that are not presented in the passage or are minor ideas in the passage.

The United States produces a lot of waste.

Answer choices

- Ⓐ More products are needed that last longer or are easily recycled.
- Ⓑ People who support a waste prevention approach are calling for products to be made to last longer.
- Ⓒ The prevention approach focuses on reducing waste but requires major changes in current approaches to manufacturing and consumption.
- Ⓓ Approximately 60% of waste is still disposed of in landfills because modern recycling methods cannot keep up with demand.
- Ⓔ The waste management approach suggests waste is unavoidable and it aims to reduce the environmental damage caused.
- Ⓕ The prevention method is much more effective and sustainable in the long term.

Waste Management in the United States

Even though the United States contains less than five percent of the world's population, it produces almost one-third of the world's solid waste. A lot of this waste is environmentally dangerous. What can be done about this problem? There are two possible solutions. One is called 'waste management' and the other 'waste prevention'.

Waste management is a high-waste approach. People who support this approach claim that waste is an unavoidable by-product of economic growth. ▢A So they attempt to manage waste by reducing the environmental damage it causes. ▢B Recycling is one management method relied on. ▢C However, despite modern advances in this field, approximately 60% of home and business waste is still disposed of in landfills. ▢D Also, they are starting to release poisons into the environment.

The other solution, waste prevention, is a low-waste solution. It approaches waste as something that is avoidable. It identifies ways to reduce waste and pollution by decreasing consumption and developing products that last longer. This is a long-term solution but requires major changes in the current attitudes regarding manufacturing and consumption.

Scientists estimate that current solid and hazardous waste could be reduced by up to 80% if the United States took a low-waste approach. Obviously this is a far better method as, unlike a high-waste method, it is sustainable in the long term.

* sustainable 자연환경 파괴 없이 유지되는, 고갈됨 없이 이용할 수 있는

Speed Reading 2

A. Read the following passage and check your time.

☐ Time allowed: 30 seconds　　☐ Total Reading Time: _____ seconds

Medicine in the Ancient World

P1　How did the ancient Egyptians, Greeks, and Romans help in the development of modern medical science? Early studies of the human body and health have provided the foundations upon which modern medicine is based.

P2　The Egyptians learned about the human body through religious ceremonies. When preparing the body for burial, they would remove the organs. As a result, along with their traditional 'spiritual healing' methods, they started treating diseases with physical remedies. They were able to study the structure of the brain, cure many illnesses, set broken bones and even perform basic brain surgery.

P3　Medical practice in early Ancient Greece was largely based upon religious beliefs. Greece's most famous doctor, Hippocrates, started to change this approach. He argued that medicine should be a science, something separate from religion. This brought about various changes including the development of medical devices, such as the portable medicine chest. This device enabled doctors to carry probes, ointments, herbs, and small boxes of drugs.

P4　Roman doctors also took a scientific approach to medicine. Their philosophy was that preventing illness was better than curing illness. To discover how to do this they studied the causes of bad health. The Romans determined that disease was connected to things like bad air, water, and a lack of personal cleanliness. They realized that providing clean water, removing sewage by building sewers, and building a system of public toilets would help prevent disease.

B. Answer the questions.

1 What is the main purpose of P2?
(A) It contrasts information found in P3 and P4.
(B) It introduces the ideas given in P3 and P4.
(C) It provides one answer to the question in P1.

2 What is the main topic of the passage?
(A) Ancient Egyptian, Greeks, and Romans
(B) Medical contributions of three ancient cultures
(C) Medical practices of ancient Egyptian doctors.

Text Organization   Fill in the blanks and complete the outline of the passage.

P1 Ancient Egyptian, Greek, Roman influence on modern medical science

P2 Medical science in Ancient Egypt

- Removed _____ before burial
  → gained knowledge about the human body

- Started treating diseases with _____

P3 Medical science in Ancient Greece

- _____ : Medicine should be base on science not religion
  → The development of medical devices : the _____

P4 Medical science in Ancient Rome

- _____ was more important than curing illness
  → Studied causes of bad health : _____, water, a lack of personal cleanliness

Practice 2

TOEFL Reading

1. Look at the four squares [■] that indicate where the following sentence could be added to the passage.

   This enabled them to learn more about how the body is put together.

   Where would the sentence best fit? Choose a square [■] to add the sentence to the passage.

   Ⓐ A   Ⓑ B   Ⓒ C   Ⓓ D

2. According to paragraph 2 and 3, what is the similarity between Egyptian medicine and Greek medicine?

   Ⓐ Sophisticated brain surgery was common.
   Ⓑ They removed organs for religious ceremonies.
   Ⓒ The refused any religious methods of healing.
   Ⓓ Traditional approaches were based on religion.

3. The word portable in paragraph 3 is closest in meaning to

   Ⓐ changeable
   Ⓑ sellable
   Ⓒ movable
   Ⓓ manageable

4. Why does the author mention Hippocrates in paragraph 3?

   Ⓐ To explain what caused Greek medicine to become more scientific
   Ⓑ To show why Greek medicine was much better than Egyptian medicine
   Ⓒ To demonstrate that the Greeks, like the Romans, were scientific
   Ⓓ To highlight the difference between Greek and Egyptian medical practices

Medicine in the Ancient World

How did the ancient Egyptians, Greeks, and Romans help in the development of modern medical science? Early studies of the human body and health have provided the foundations upon which modern medicine is based.

The Egyptians learned about the human body through religious ceremonies. **A** When preparing the body for burial they would remove the organs. **B** As a result, along with their traditional 'spiritual healing' methods, they started treating diseases with physical remedies. **C** They were able to study the structure of the brain, cure many illnesses, set broken bones and even perform basic brain surgery. **D**

Medical practice in early Ancient Greece was largely based upon religious beliefs. However, Greece's most famous doctor, Hippocrates, started to change this approach. He argued that medicine should be a science, something separate from religion. This brought about various changes including the development of medical devices, such as the portable medicine chest. This device enabled doctors to carry probes, ointments, herbs, and small boxes of drugs.

Roman doctors also took a scientific approach to medicine. Their philosophy was that preventing illness was better than curing illness. To discover how to do this, they studied the causes of bad health. The Romans determined that disease was connected to things like bad air, water, and a lack of personal cleanliness. They realized that providing clean water, removing sewage by building sewers, and building a system of public toilets would help prevent disease.

* probe [의학] (외과용의) 탐침

vocabulary foundation 초석, 기초 organ 장기 remedy 치료, 요법 cure 치료하다 surgery (외과) 수술 separate (from) 개별적인, 독립된 device 고안물, 장치 ointment 연고 philosophy 철학 sewage 하수 오물 sewer 하수구, 하수도

Practice 2

TOEFL Reading

5. Which of the following can be inferred from the information in paragraph 4?

    Ⓐ Romans believed that bad air and water were some of the causes of bad health.
    Ⓑ Romans provided the foundations for the development of modern public health.
    Ⓒ Romans took scientific approaches to the practice of medicine.
    Ⓓ Romans were not interested in finding the proper treatment for various illnesses.

6. **Directions:** An introductory sentence for a brief summary of the passage is provided below. Complete the summary by selecting the THREE answer choices that express the most important ideas in the passage. Some sentences do not belong in the summary because they express ideas that are not presented in the passage or are minor ideas in the passage.

Ancient Egyptians, Greeks, Romans provided the foundation for the development of modern medical science.

Answer choices

Ⓐ Hippocrates is the father of modern medical ethics which is based on the Hippocratic oath.
Ⓑ Learning how the body is put together, Egyptians used that knowledge to develop physical remedies.
Ⓒ Romans believed preventing illness was better than curing it so they discovered and dealt with the causes of disease.
Ⓓ Ancient Greeks started to believe medical practices should be based on science and this helped to bring about the development of medical devices.
Ⓔ Ancient medical practice was a blend of religious and superstitious knowledge.
Ⓕ Romans worked hard to build a system of public toilets all around the country.

Medicine in the Ancient World

How did the ancient Egyptians, Greeks, and Romans help in the development of modern medical science? Early studies of the human body and health have provided the foundations upon which modern medicine is based.

The Egyptians learned about the human body through religious ceremonies. **A** When preparing the body for burial they would remove the organs. **B** As a result, along with their more traditional 'spiritual healing' methods, they started treating diseases with physical remedies. **C** They were able to study the structure of the brain, cure many illnesses, set broken bones and even perform basic brain surgery. **D**

Medical practice in early Ancient Greece was largely based upon religious beliefs. However, Greece's most famous doctor, Hippocrates, started to change this approach. He argued that medicine should be a science, something separate from religion. This brought about various changes including the development of medical devices, such as the portable medicine chest. This device enabled doctors to carry probes, ointments, herbs, and small boxes of drugs.

Roman doctors also took a scientific approach to medicine. Their philosophy was that preventing illness was better than curing illness. To discover how to do this, they studied the causes of bad health. The Romans determined that disease was connected to things like bad air, water, and a lack of personal cleanliness. They realized that providing clean water, removing sewage by building sewers, and building a system of public toilets would help prevent disease.

* probe [의학] (외과용의) 탐침

Vocabulary Test

A Write the meaning of each word or expression.

1. unavoidable _____
2. exhausted _____
3. patient _____
4. device _____
5. ecosystem _____
6. pollution _____
7. symptom _____
8. attitude _____
9. concentration _____
10. kidney _____

B Fill in the blanks with the appropriate word or phrase. Change the form if needed.

remedy	addiction	surgery	by-product	delicate

1. Some people have an _____ to gambling.
2. Silk is a very _____ material.
3. Recovery from heart _____ takes a long time.
4. An old _____ for a cold is eating lots of garlic.
5. A common _____ of fire is smoke.

C Choose the closest meaning of each underlined word or phrase.

1. There is no way to cure the common cold.
   (a) ease   (b) control   (c) heal   (d) restore

2. Some pens contain permanent ink.
   (a) short   (b) lasting   (c) temporary   (d) dangerous

3. Clients' funds should be kept separate from the company's own money.
   (a) connected   (b) individual   (c) unopened   (d) included

4. The foundation for many societies is a willingness to cooperate.
   (a) future   (b) purpose   (c) discovery   (d) ground

5. When traveling overseas, it is a good idea to convert money before flying.
   (a) hide   (b) alter   (c) count   (d) save

Chapter 08

SCHEMATIC TABLE

SCIENCE

Overview — Schematic Table

Schematic Table 문제는 지문에서 분류하거나 비교/대조하는 대상에 해당하는 정보를 올바르게 분류할 수 있는지를 평가하는 문제이다.

Question type

- **Directions:** Select the appropriate phrases/statements from the answer choices and match them to the types of X to which they relate. TWO of the answer choices will NOT be used. This question is worth 3 points.

> Drag your answer choices to the spaces where they belong.
> To review the passage, click on View Text.

General Strategy

- **principles or features**
  어떤 기준 또는 특징들에 의한 분류 또는 비교/대조인지를 파악한다.

- **relationship between features**
  분류 또는 비교/대조되는 특징들 간의 관계에 주목한다.

Sample Item Read the passage and answer the question.

Butterflies vs. Moths: The Differences between Them

Worldwide there are approximately 140,000 species of butterflies and moths. They are very similar insects but there are several differences. They differ in antennae, body, flying times, how they rest their wings, and how they keep their pupa.

Generally, butterflies antennae are knobbed, while moths have feathery or straight antennae. Butterflies have smooth, slender bodies but moths tend to be plump. Most butterflies fly during the day, but most moths fly at night. Furthermore, butterflies generally rest with their colorful wings held upright but moths spread out their dull, usually grayish wings.

The life cycles of moths and butterflies are very similar and include four stages: egg, caterpillar (or larva), pupa, and adult. The pupa is the transformation stage where the caterpillar turns into an adult. This is where the species differ. Moths, unlike butterflies, usually enclose their pupa in a silk cocoon spun from a special part of their body.

* pupa 번데기

Vocabulary moth 나방 insect 곤충 differ 다르다 knobbed (끝이) 혹 모양이 있는 feathery 깃털로 덮인 slender 날씬한 plump 토실토실한 furthermore 더욱이 upright 똑바로 dull (색이) 분명치 않은 grayish 희끄무레한 caterpillar 모충 transformation [생물] 탈바꿈 enclose (둘러)싸다, 넣다 cocoon 고치

1 Directions: Select the appropriate phrases from the answer choices and match them to the type of insects to which they relate. TWO of the answer choices will NOT be used.

Answer choices

(A) Have bodies that are not fat
(B) Prefer to fly when it is bright
(C) Have hairy bodies
(D) Hold their wings vertically when resting
(E) Produce special thread for their young
(F) Use feathery antennae
(G) Usually hide inside a soft container

Butterflies
- (A)
- (B)
- (D)

Moths
- (E)
- (F)

해설 나비는 몸체가 부드럽고 날씬하다(A). 대부분 낮에 날고(B) 쉴 때는 화려한 날개를 수직으로 한다(D). 반면에 나방은 몸체가 토실토실하고, 더듬이가 깃털로 덮여 있고(F), 대부분 밤에 난다. 또한, 나방은 자기 몸의 특별한 부분에서 실을 뽑아 고치를 만든다(E).

Exercise 1

Types of Clouds

Read the following passage and answer the question.

There are different types of cloud formations, which have their own distinct characteristics and names. Two of these cloud types are called stratus clouds and cumulus clouds.

The word *stratus* comes from the Latin word which means 'to spread out.' Therefore, stratus clouds are horizontal, layered clouds, that stretch out across the sky like a blanket. It may stretch for many kilometers across the sky. Stratus clouds form when a layer of warm, moist air passes over a layer of cool air. When two such layers of air meet, the warm air is cooled and sometimes a layer of stratus clouds is formed.

The second type of cloud is called cumulus. The word *cumulus* comes from the Latin word for a heap or pile. Cumulus clouds are puffy in appearance, looking like large cotton balls. Cumulus clouds usually form when warm, moist air is forced upward and cools. Sometimes, this makes condensation and produces cumulus clouds. The size of these clouds depends on the force of the air's upward movement and moisture content. The stronger the upward movement and content of warm moist air is, the larger the cloud. Heavy thunderstorms that appear in summer are a form of cumulus cloud called cumulonimbus, which may extend upwards for hundreds of meters.

* stratus cloud 층운
* cumulus cloud 적운
* cumulonimbus cloud 적란운

Vocabulary distinct 분명한, 뚜렷한 characteristic 특징 horizontal 수평의 stretch out 뻗다 layered 층이 있는 moist 습한 heap 더미 puffy 부푼, 팽창된 upward 위쪽으로 condensation 물방울, 응축 (상태) content 내용물 thunderstorm 뇌우 extend 뻗다

1 Directions: Select the appropriate phrases from the answer choices and match them to the type of clouds to which they relate. TWO of the answer choices will NOT be used.

Answer choices

(A) Extend a great distance across the sky
(B) Travel great distances
(C) Can make a lot of noise
(D) Look very big and soft
(E) Rest on top of each other
(F) Identical to cotton balls
(G) Can be very high

Stratus Clouds
-
-

Cumulus Clouds
-
-
-

Vocabulary & Composition

A. Select the synonym for each word or phrase.

1	distinct	a. regular	b. specific	c. powerful	d. mixed
2	extend	a. expand	b. bend	c. explode	d. roll
3	moist	a. dead	b. loose	c. majestic	d. damp

B. Complete the sentences using the given words or expressions.

horizontal   stretch out   characteristic

1 비즈니스 클래스의 여객기 승객들은 이코노믹 석의 승객들에 비해 몸을 뻗을 수 있는 공간이 훨씬 더 많다. (space)
Business Class fliers _____ than those in Economy Class.

2 인간은 수평의 자세로 자지만 어떤 동물들은 서서 잔다. (position)
Humans sleep _____ but some animals sleep _____.

3 유전자는 모든 생명체의 특성을 결정한다. (genes / living thing)
_____.

Exercise 2 — Identifying Wetlands

Read the following passage and answer the question.

A wetland is an area of land that has a high content of water. There are different types of wetland such as bogs, swamps, tidal saltwater marshes, and tidal freshwater marshes. However, the two basic types of wetlands are bogs and marshes.

Bogs are areas where glaciers have left a depression in the earth; also, these weltands are mostly found in Northern latitudes where there is rain. The water in bogs is usually trapped, resulting in stagnant, unproductive environments. Bogs are covered with a layer of floating vegetation that may look like solid ground; therefore, bogs can be very dangerous to walk through. Some of the vegetation and plants found in bogs include black spruce, cotton grass, and horsetails.

Marshes are depressions in the landscape filled with open water and are most common in North America. Unlike bogs, water in marshes is not trapped. It is usually shallow, and comes from ground or surface water. Islands of vegetation are often present. Marshes are separated into freshwater and saltwater types. Freshwater marshes are primarily inland whereas salt marshes stretch along the coast. Freshwater marshes produce plants such as reeds and rushes.

* black spruce 검정가문비나무
* cotton grass 황새풀
* horsetails (식물) 속새

Vocabulary wetland 습지대 swamp 늪 tidal 조수의 saltwater 바닷물의 marsh 늪, 습지 freshwater 민물의 bog 습지 glacier 빙하 depression 움푹한 땅 latitudes 지방, 지대 trap 좁은 장소에 가두다 stagnant 괴어 있는 unproductive 비생산적인, 불모의 landscape 지형 be filled with ~으로 가득한 shallow 얕은 inland 내륙의 whereas ~에 반하여, 그런데 reed 갈대 rush 골풀, 등심초

1

Directions: Select the appropriate phrases from the answer choices and match them to the type of wetlands to which they relate. TWO of the answer choices will NOT be used.

Answer choices

(A) Let plants grow faster
(B) Do not let water flow
(C) Have two different types
(D) Usually not very deep
(E) Are made by glaciers
(F) Look okay to walk on
(G) Provide plenty of food to fish

Bogs
•
•
•

Marshes
•
•

Vocabulary & Composition

A. Select the synonym for each word or phrase.

1	be filled with	a. be empty of	b. be complete with	c. be full of	d. be confused with
2	shallow	a. steady	b. smooth	c. heavy	d. depthless
3	inland	a. involved	b. overland	c. internal	d. outside

B. Complete the sentences using the given words or expressions.

bog	tidal	stagnant

1. 농부들은 자기들의 부츠가 습지에 빠져 꼼짝 못 하게 될 것을 알 수 있을 것이다. (boots / stick in)
   Farmers can find that _____.

2. 괴어 있는 물이 아닌 흐르는 물을 마시는 것이 언제나 최선이다. (running water)
   It is always best to _____.

3. 조수의 흐름은 얕은 곳에서 점차 줄어든다. (gradually / shallow waters)
   The tidal stream _____.

Exercise 3: Types of Minerals

Read the following passage and answer the question.

So far scientists have identified 2000 minerals but there are still many more to discover. Every year, new ones are added to the list. This list consists of different groups based on their chemistry, namely silicate minerals and non-silicate minerals.

Silicate minerals are the most common mineral group on Earth and have the elements such as silica and oxygen as their main ingredients. Most silicate minerals form when molten rock cools, either at or near the Earth's surface or far underground. Types of rocks that are commonly found within silicate minerals are 'ultramafic' and 'granitic igneous'. People use these rocks for gemstones, and to make ceramic or glass products.

Non-silicate minerals exist in many different groups. Some of these groups form when magma cools. Others form when water evaporates leaving mineral crystals behind, or when other minerals decompose. Non-silicate minerals include gypsum, halite, hematite, calcite, and sulfur. Thanks to non-silicate minerals, it is possible to make many useful things such as table salt, iron ore, cement, drugs, and chemicals.

* silicate mineral 규산염 광물 * gypsum 석고
* halite 암염 * hematite 적철광 * calcite 방해석 * sulfur 황

Vocabulary mineral 광물 consist (of) ~로 이루어져 있다 namely 즉 ingredient 성분 molten rock 용암 underground 지하의 gemstone (보석의) 원석 ceramic 도자기 magma 마그마 evaporate 증발하다 decompose 분해하다

1 Directions: Select the appropriate phrases from the answer choices and match them to the type of minerals to which they relate. TWO of the answer choices will NOT be used.

Answer choices

(A) Can easily be found
(B) Can be used for building
(C) Can be eaten
(D) Can be used as valuable jewelry
(E) Are always very expensive
(F) Sometimes produce heat
(G) Are formed in various ways

Silicate Minerals
•
•

Non-silicate Minerals
•
•
•

Vocabulary & Composition

A. Select the synonym for each word or phrase.

1. consist (of)   a. create   b. concern   c. conclude   d. comprise
2. ingredient   a. element   b. section   c. particle   d. collection
3. evaporate   a. arrive   b. dissipate c. dissolve   d. escape

B. Complete the sentences using the given words or expressions.

| namely | underground | decompose |

1. 운송 기관에는 두 가지 주요 형태가 있다. 즉, 공공 운송 기관과 사설 운송기관이 그것이다. (transport / public)
   There are two _____, _____ and private.

2. 우물은 지하에 있는 물에 다가가기 위해 사용된다. (access)
   Wells are used to _____.

3. 박테리아가 불순물을 기체와 고체로 분해한다. (gas / solid)
   Bacteria _____ impurities _____.

Speed Reading 1

A. Read the following passage and check your time.

☐ Time allowed: 30 seconds ☐ Total Reading Time: _____ seconds

The Triassic and the Cretaceous Periods

P1 The Triassic Period, approximately occurring around 248 to 206 million years ago, was a time of great transition. It was characterized by changes in climate and ocean movement. The geology at the beginnig of this period consisted of one large continent known as Pangaea. Towards the end of the Triassic Period, this continent started to fracture and break. Sea levels began to rise as the climate increasingly became more dry and warm. Animal life during this time included the earliest dinosaurs. Most dinosaurs were no more than six inches in length. They became the dominant land species, though at this time mammals were also evolving. Plant life was sparse in the north due to dry conditions, but in the south plants flourished.

P2 The Cretaceous Period approximately occurred around 144 to 65 million years ago. This was the the time when dinosaurs reached their peak. Gigantic carnivores like Tyrannosaurus Rex appeared. There was a tremendous diversity in dinosaur species during this period. Also, there existed a wide range of insect groups, modern mammals, bird groups, and the first flowering plants. The most famous of all mass extinctions marked the end of the Cretaceous Period. This was the great extinction in which the dinosaurs died out and the age of the mammals began.

B. Answer the question.

1. **What is the main purpose of P2?**
   (A) Introducing another important period
   (B) Contrasting with the information from P1
   (C) Providing background for the contents of P1

Text Organization   Fill in the blanks and complete the outline of the passage.

P1 The Triassic period

- Around 248 to 206 million years ago

- Characterized by changes in climate and _____

- One large continent → Started to break

- The earliest dinosaurs

P2 The Cretaceous period

- Around 144 to 65 million years ago

- The _____ flourished: a great diversity in species
   → Became extinct

- A wide range of insect groups, modern mammals, bird groups, the first _____

Practice 1

TOEFL Reading

1. The word **fracture** in paragraph 1 is closest in meaning to
   - Ⓐ form
   - Ⓑ crack
   - Ⓒ collapse
   - Ⓓ create

2. The word **sparse** in paragraph 1 is closest in meaning to
   - Ⓐ steady
   - Ⓑ spectacular
   - Ⓒ fighting
   - Ⓓ scant

3. According to paragraph 1, what can be inferred about the reason of difficulty for plants to grow in the North?
   - Ⓐ There was not enough rain.
   - Ⓑ The animals kept eating them.
   - Ⓒ The soil was not very good.
   - Ⓓ The water was too salty.

4. **Directions:** Select the appropriate statements from the answer choices and match them to the type of periods to which they relate. TWO of the answer choices will NOT be used.

   Answer choices
   - Ⓐ Many insects and flowers existed.
   - Ⓑ All plant life struggled.
   - Ⓒ Various types of dinosaurs existed.
   - Ⓓ Dinosaurs finally disappeared.
   - Ⓔ Most dinosaurs were very small.
   - Ⓕ Some areas had little plant life.
   - Ⓖ Gigantic mammals ate dinosaurs.

   The Cretaceous Period
   -
   -
   -

   The Triassic Period
   -
   -

The Triassic and the Cretaceous Periods

The Triassic period, approximately occurring around 248 to 206 million years ago, was a time of great transition. It was characterized by changes in climate and ocean movement. The geology at the beginning of this period consisted of one large continent known as Pangaea. Towards the end of the Triassic Period, this continent started to fracture and break. Sea levels began to rise as the climate increasingly became more dry and warm. Animal life during this time included the earliest dinosaurs. Most dinosaurs were no more than six inches in length. They became the dominant land species, though at this time mammals were also evolving. Plant life was sparse in the north due to dry conditions, but in the south plants flourished.

The Cretaceous period approximately occurred around 144 to 65 million years ago. This was the time when dinosaurs reached their peak. Gigantic carnivores like Tyrannosaurus Rex appeared. There was a great diversity in dinosaur species during this period. Also, there existed a wide range of insect groups, modern mammals, bird groups, and the first flowering plants. The most famous of all mass extinctions marked the end of the Cretaceous period. This was the great extinction in which the dinosaurs died out and the age of the mammals began.

* the Triassic (period) 트라이아스기(紀)
* the Cretaceous (period) 백악기

vocabulary climate 기후 geology 지질(학) continent 대륙 dominant 지배적인 flourish 번성하다, 잘 자라다
carnivore 육식 동물 diversity 다양성 extinction 멸종

Speed Reading 2

A. Read the following passage and check your time.

□ Time allowed: 30 seconds   □ Total Reading Time: _____ seconds

Multicell Line Storms vs. Supercell Storms

P1 Weathermen work hard to identify storms so they can give people an advance warning. Some storms can be more dangerous than others, and sometimes they may actually be connected together working in one long line. Two such storm types are the multicell line storm and the supercell storm.

P2 Multicell line storms normally connect a row of storms together, however, sometimes there can be breaks between the storms. An approaching multicell line often appears as a dark collection of clouds covering the western horizon. This storm line can create various conditions, including golf ball sized hailstones, heavy and light rainfall, and even tornadoes, although they tend to be fairly weak ones. Multicell line storms are made up of a group of storms that have a life cycle — beginning, growing, and dying — that lasts for an hour or less. The parent storm can survive for many hours.

P3 Supercell storms are different from multicell line storms. One of the main differences is the fact that they rotate due to an updraft of air that is called a Mesocyclone. Supercell storms are not common, but when they do appear they are very dangerous. As a group of extremely well organized thunderstorms, they can produce gigantic hailstones, up to 2 inches across. Unlike the multicell line storms, they also produce very violent tornadoes.

B. Answer the question.

1 How is P2 connected to P1?

(A) It contrasts the first type of storm from P1.

(B) It concludes the first type of storm from P1.

(C) It describes the first type of storm from P1.

Text Organization
Fill in the blanks and complete the outline of the passage.

P1 Introducing the multicell line storm and the supercell storm

P2 Multicell line storms

- Connect a row of _____

- Appear as a dark collection of clouds

- Create various weather conditions

- Made up of a group of storms that have a _____

P3 Supercell storms

- _____ due to an updraft of air

- Not common, but dangerous

- Produce gigantic _____, violent _____

Practice 2

TOEFL Reading

1. Which of the following best expresses the essential information in the highlighted sentence in paragraph 2? *Incorrect* answers change the information in important ways or leave out essential information.

   Ⓐ Multicell line storms can survive for many hours and usually come in large groups.
   Ⓑ Multicell line storms have a life cycle, from beginning to dying.
   Ⓒ Multicell line storms are groups of storms that usually exist for an hour or less.
   Ⓓ Mulitcell line storms last on average for an hour from birth to the point of death.

2. The word they in paragraph 3 refers to

   Ⓐ tornadoes
   Ⓑ hailstones
   Ⓒ thunderstorms
   Ⓓ supercell storms

3. **Directions:** Select the appropriate phrases from the answer choices and match them to the type of storms to which they relate. TWO of the answer choices will NOT be used.

   Answer choices

   Ⓐ Can be very hazardous
   Ⓑ Create violent hurricanes
   Ⓒ Sometimes have gaps
   Ⓓ Do not often occur
   Ⓔ Produce twisters with little power
   Ⓕ Cause a lot of flooding
   Ⓖ Last for about an hour

   Multicell Line Storms
   •
   •
   •

   Supercell Storms
   •
   •

156

Multicell Line Storms vs. Supercell Storms

Weathermen work hard to identify storms so they can give people an advance warning. Some storms can be more dangerous than others, and sometimes they may actually be connected together working in one long line. Two such storm types are the multicell line storm and the supercell storm.

Multicell line storms normally connect a row of storms together, however, sometimes there can be breaks between the storms. An approaching multicell line often appears as a dark collection of clouds covering the western horizon. This storm line can create various conditions, including golf ball sized hailstones, heavy and light rainfall, and even tornadoes, although they tend to be fairly weak ones. Multicell line storms are made up of a group of storms that have a life cycle — beginning, growing, and dying — that lasts for an hour or less. The parent storm can survive for many hours.

Supercell storms are different from multicell line storms. One of the main differences is the fact that they rotate due to an updraft of air that is called a mesocyclone. Supercell storms are not common, but when they do appear they are very dangerous. As a group of extremely well organized thunderstorms, they can produce gigantic hailstones, up to 2 inches across. Unlike the multicell line storms, they also produce very violent tornadoes.

* mesocyclone 중형 저기압(뇌우 주변에 발생하는 직경 약 16km의 저기압)

vocabulary storm 폭풍 advance 사전의 warning 경보 a row of 한 줄로 줄지어, 늘어선 approach 접근하다 hailstone 우박 rotate (축을 중심으로) 회전하다 updraft 상승 기류

Vocabulary Test

A Write the meaning of each word or expression.

1. moth _____
2. ingredient _____
3. carnivore _____
4. continent _____
5. horizontal _____
6. wetland _____
7. evaporate _____
8. dominant _____
9. feathery _____
10. caterpillar _____

B Fill in the blanks with the appropriate word or phrase. Change the form if needed.

| plump | extinction | approach | geology | diversity |

1. Many animals are now facing _____.
2. It is more polite to call a person _____ rather than fat.
3. She heard footsteps _____ from behind.
4. We value the rich cultural _____ of the group.
5. _____ can be used to determine the age of the Earth.

C Choose the closest meaning of each underlined word or phrase.

1. Most women prefer to be told that they are slender rather than thin.
   (a) slim   (b) slow   (c) small   (d) smelly

2. Standing an egg upright can be very difficult.
   (a) still   (b) tightly   (c) carefully   (d) vertically

3. It is common for crime to flourish in low income communities.
   (a) fall   (b) vanish   (c) prosper   (d) burn

4. To protect fragile items, enclose them in bubble wrap.
   (a) enrage   (b) engage   (c) encase   (d) entice

5. Reptiles differ to mammals in various ways.
   (a) balance   (b) contrast   (c) evolve   (d) relate

FINAL TEST

READING SECTION DIRECTIONS

In this section you will read three passages and answer reading comprehension questions about each passage. Most questions are worth one point, but the last question in each set is worth more than one point. The directions indicate how many points you may receive.

You will have 30 minutes to read all of the passages and answer the questions. Some passages include a word or phrase that is underlined in blue. Click on the word or phrase to see a definition or an explanation.

When you want to move on to the next question, click on **Next**. You can skip questions and go back to them later as long as long as there is time remaining. If you want to return to previous questions, click on **Back**. You can click on **Review** at any time and the review screen will show you which questions you have answered and which you have not. From this review screen, you may go directly to any question you have already seen in the reading section.

When you are ready to continue, click on the Dismiss Directions icon.

Final Test

*i*BT Reading

1. The word **it** in paragraph 2 refers to
   - Ⓐ law
   - Ⓑ object
   - Ⓒ mass
   - Ⓓ energy

2. The word **enormous** in paragraph 4 is closest in meaning to
   - Ⓐ thick
   - Ⓑ heavy
   - Ⓒ huge
   - Ⓓ deep

3. How does the author explain the laws of motion?
   - Ⓐ By giving examples for each law
   - Ⓑ By describing the features of space
   - Ⓒ By comparing the three laws
   - Ⓓ By defining the effects of gravity

4. Which of the following is NOT mentioned as being one for Newton's discoveries?
   - Ⓐ Every action that is made creates another action.
   - Ⓑ Objects will move until stopped by something else.
   - Ⓒ It takes more energy to move an object than its mass.
   - Ⓓ There is no friction to stop an object in outer space.

5. Look at the four squares [■] that indicate where the following sentence could be added to the passage.

   Even though they stopped firing the engines, the shuttle still kept moving at the same speed.

   Where would the sentence best fit? Choose a square [■] to add the sentence to the passage.
   - Ⓐ A
   - Ⓑ B
   - Ⓒ C
   - Ⓓ D

Apollo 13: Laws of motion

The motion of a space shuttle can be explained by the physical principles that were discovered over three hundred years ago by Isaac Newton. He developed three laws of motion.

The first law is that an object that is moving will continue to do so unless something stops it from doing so. An object that is not moving will also stay still unless something makes it move. [A] The second law is that the more mass an object has, the more energy it requires to make that object move. Newton's third law is that every action has an equal or opposite reaction.

[B] When the Apollo 13 space shuttle reached the critical speed required for orbit around the earth, the astronauts were able to shut down the engines. [C] In outer space there is no friction so the rocket will just keep moving. This is Newton's First Law in action.

It requires tremendous acceleration for a rocket to escape Earth's gravity. This is where Newton's second law comes into play. The force required to move the rocket upwards must be greater than the force of gravity. [D] The mass of the rocket is enormous so it requires an immense amount of energy to move.

Newton's third law, the law of cause and effect, explains how rockets can move in space. Gas molecules pushed in one direction cause a reaction in another direction. This causes the shuttle to move in the opposite direction of the gas molecules, which in turn causes the space shuttle to accelerate.

* critical speed 한계 속도

vocabulary space shuttle 우주 왕복선 principle 법칙 mass 질량 opposite 반대의 reaction 반작용 critical 결정적인 astronaut 우주 비행사 acceleration 가속도 gravity 중력 molecule 분자

Final Test

iBT Reading

6. Directions: An introductory sentence for a brief summary of the passage is provided below. Complete the summary by selecting the THREE answer choices that express the most important ideas in the passage. Some sentences do not belong in the summary because they express ideas that are not presented in the passage or are minor ideas in the passage.

Isaac Newton's three laws of motion explain how the space shuttle moves.

Answer Choices

Ⓐ Newton developed his three laws of motion over three hundred years ago.

Ⓑ The reason why a rocket can move without an engine in outer space is explained by Newton's First Law.

Ⓒ Newton's second law explains why a greater force than a rocket's mass is reqired in order to move it off the ground.

Ⓓ The space shuttle is very large and very heavy so it takes a lot of time to get into orbit.

Ⓔ The space shuttle must use Newton's laws to conserve fuel because it cannot carry enough to keep burning its engines all the time.

Ⓕ The third law of motion explains how a rocket can move forward by burning fuel and creating thrust.

Apollo 13: Laws of motion

The motion of a space shuttle can be explained by the physical principles that were discovered over three hundred years ago by Isaac Newton. He developed three laws of motion.

The first law is that an object that is moving will continue to do so unless something stops it from doing so. An object that is not moving will also stay still unless something makes it move. **A** The second law is that the more mass an object has, the more energy it requires to make that object move. Newton's third law is that every action has an equal or opposite reaction.

B When the Apollo 13 space shuttle reached the critical speed required for orbit around the earth, the astronauts were able to shut down the engines. **C** In outer space there is no friction so the rocket will just keep moving. This is Newton's First Law in action.

It requires tremendous acceleration for a rocket to escape Earth's gravity. This is where Newton's second law comes into play. The force required to move the rocket upwards must be greater than the force of gravity. **D** The mass of the rocket is enormous so it requires an immense amount of energy to move.

Newton's third law, the law of cause and effect, explains how rockets can move in space. Gas molecules pushed in one direction cause a reaction in another direction. This causes the shuttle to move in the opposite direction of the gas molecules, which in turn causes the space shuttle to accelerate.

Final Test

iBT Reading

7. The word **It** in paragraph 1 refers to
   - Ⓐ Astronomy
   - Ⓑ Science
   - Ⓒ Civilization
   - Ⓓ Time

8. Look at the four squares [■] that indicate where the following sentence could be added to the passage.

   They used the science of astronomy for various purposes but one particular use was common.

   Where would the sentence best fit? Choose a square [■] to add the sentence to the passage.
   - Ⓐ A
   - Ⓑ B
   - Ⓒ C
   - Ⓓ D

9. The word **meager** in paragraph 3 is closest in meaning to
   - Ⓐ mixed
   - Ⓑ incorrect
   - Ⓒ sparse
   - Ⓓ confused

10. Which of the following best expresses the essential information in the highlighted sentence in paragraph 3? *Incorrect* choices change the meaning in important ways or leave out essential information.
    - Ⓐ For the Ancient Egyptians, calendars was a very important religious tool.
    - Ⓑ Astronomy was a vital religious tool that Ancient Egyptians used to practice religion.
    - Ⓒ Ancient Egyptians used astronomy to create calendars that showed the changing seasons.
    - Ⓓ Astronomy was used by Ancient Egyptians to create calendars for religious purposes.

11. Why does the author mention the pyramids in paragraph 3?
    - Ⓐ To explain why the pyramids are so important in Egypt
    - Ⓑ To explain that the science of astronomy is very helpful when people are building things
    - Ⓒ To explain that the astronomy was still used for important purposes by the Egyptians
    - Ⓓ To explain how the Egyptians were able to build the pyramids in such a perfect way

The Influences of Astronomy on Ancient Cultures

Many people seem to think that astronomy is a modern science. [A] Actually, more than one ancient civilization was very advanced in this science. [B] It played a major role in those cultures. [C] Excellent examples of this are the Mayans, the Incas, and the Aztecs. [D] All of them used astronomy to measure time.

The Mayans, the Incas, and the Aztecs all kept time through the use of astronomical measurements, such as the earth's orbit around the sun and the earth's rotation on its north/south axis. Structures were built that represented the earth's alignment, with various stars and planets in this galaxy. These cultures maintained extremely accurate measurements of many aspects of the universe from star placement to the passing of time.

The Ancient Egyptians, however, by comparison had only a moderate knowledge of astronomy. Part of the reason for this was that their geometry was limited and did not allow for complicated mathematical computations. Evidence of Ancient Egyptian disinterest in astronomy can be found in the meager number of constellations and star groups recognized by them. Astronomy, however, was used in positioning the pyramids, which are aligned very accurately. Ancient Egyptians also used astronomy for their calendars, which was a vital tool in their society, as the changing seasons were very important to their practice of religion.

vocabulary astronomy 천문학 axis 지축 alignment 일직선을 이루기, (일렬) 정렬 moderate 보통의 geometry 기하학 complicated 복잡한 disinterest in ~에 무관심하게 하다 constellation 별자리 align 일직선으로 하다

Final Test

iBT Reading

12. What can be inferred about the Mayans, the Incas, and the Aztecs?

    Ⓐ Keeping accurate time was very important to them.
    Ⓑ Astronomy was used to tell fortunes.
    Ⓒ They were worse at keeping time than any other peoples at that time.
    Ⓓ They spent a lot of time looking at the sky to make a map of constellations accurately.

13. **Directions:** Select the appropriate phrases from the answer choices and match them to the type of peoples to which they relate. TWO of the answer choices will NOT be used.

    Answer choices

    Ⓐ Used astronomy to discover different galaxies
    Ⓑ Considered astronomy important for spiritual reasons
    Ⓒ Used astronomy when they built pyramids
    Ⓓ Understood a lot about the Earth's movement
    Ⓔ Knew a lot about the position of stars in the sky
    Ⓕ Discovered the reason why an eclipse occurs
    Ⓖ Could not use advanced mathematic calculations

    Egyptians
    •
    •
    •

    The Mayans, The Incas, The Aztecs
    •
    •

The Influences of Astronomy on Ancient Cultures

Many people seem to think that astronomy is a modern science. ■A Actually, more than one ancient civilization was very advanced in this science. ■B It played a major role in those cultures. ■C Excellent examples of this are the Mayans, the Incas, and the Aztecs. ■D All of them used astronomy to measure time.

The Mayans, the Incas, and the Aztecs all kept time through the use of astronomical measurements, such as the earth's orbit around the sun and the earth's rotation on its north/south axis. Structures were built that represented the earth's alignment, with various stars and planets in this galaxy. These cultures maintained extremely accurate measurements of many aspects of the universe from star placement to the passing of time.

The Ancient Egyptians, however, by comparison had only a moderate knowledge of astronomy. Part of the reason for this was that their geometry was limited and did not allow for complicated mathematical computations. Evidence of Ancient Egyptian disinterest in astronomy can be found in the meager number of constellations and star groups recognized by them. Astronomy, however, was used in positioning the pyramids, which are aligned very accurately. Ancient Egyptians also used astronomy for their calendars, which was a vital tool in their society, as the changing seasons were very important to their practice of religion.

NEXUS makes your next day

www.nexusEDU.kr
t.02-330-5500 f.02-330-5555
NEXUS Edu

이것이 THIS IS 시리즈다!

THIS IS GRAMMAR 시리즈　▷ 중·고등 내신에 꼭 등장하는 어법 포인트 분석 및 총정리

★★★★★ 강남인강 강의교재 ★★★★★

THIS IS READING 시리즈　▷ 다양한 소재의 지문으로 내신 및 수능 완벽 대비

★★★★★ 강남인강 강의교재 ★★★★★

THIS IS VOCABULARY 시리즈　▷ 주제별로 분류한 교육부 권장 어휘

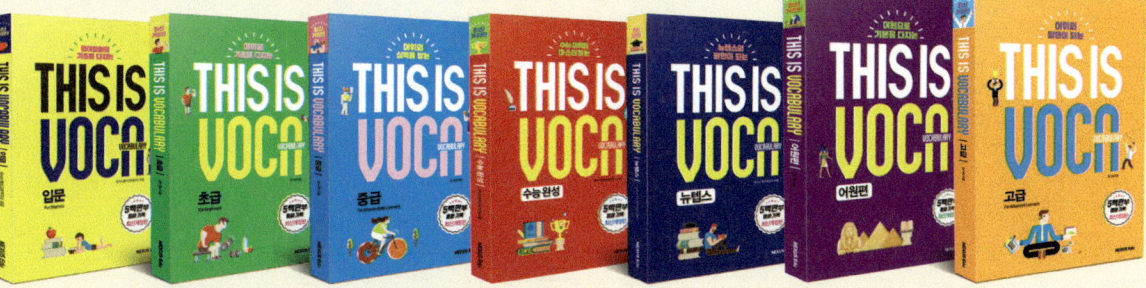

THIS IS 시리즈

무료 MP3 및 부가자료 다운로드
www.nexusbook.com
www.nexusEDU.kr

THIS IS GRAMMAR 시리즈
- Starter 1~3　　영어교육연구소 지음 | 205×265 | 144쪽 | 각 권 12,000원
- 초·중·고급 1·2　넥서스영어교육연구소 지음 | 205×265 | 250쪽 내외 | 각 권 12,000원

THIS IS READING 시리즈
- Starter 1~3　　김태연 지음 | 205×265 | 156쪽 | 각 권 12,000원
- 1·2·3·4　　　넥서스영어교육연구소 지음 | 205×265 | 192쪽 내외 | 각 권 13,000원

THIS IS VOCABULARY 시리즈
- 입문　　　　　넥서스영어교육연구소 지음 | 152×225 | 224쪽 | 10,000원
- 초·중·고급·어원편　권기하 지음 | 152×225 | 180·257 | 344쪽~444쪽 | 10,000원~12,000원
- 수능 완성　　　넥서스영어교육연구소 지음 | 152×225 | 280쪽 | 12,000원
- 뉴텝스　　　　넥서스 TEPS연구소 지음 | 152×225 | 452쪽 | 13,800원

LEVEL CHART

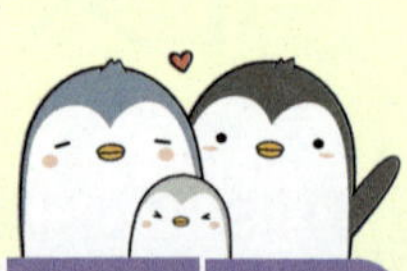

NEXUS Edu

	초1	초2	초3	초4	초5	초6	중1	중2	중3	고1	고2	고3
VOCA	초등필수 영단어 1-2·3-4·5-6학년용									WORD PASS		
				The VOCA + (플러스) 1~7								
			THIS IS VOCABULARY 입문·초급·중급						고급·어원·수능 완성·뉴텝스			
							WORD FOCUS 중등 종합 5000·고등 필수 5000·고등 종합 9500					
Grammar			초등필수 영문법 + 쓰기 1~2									
			OK Grammar 1~4									
			This Is Grammar Starter 1~3									
						This Is Grammar 초급~고급 (각 2권: 총 6권)						
							Grammar 공감 1~3					
							Grammar 101 1~3					
							Grammar Bridge 1~3 (NEW EDITION)					
							The Grammar Starter, 1~3					
							한 권으로 끝내는 필수 구문 1000제					
							구사일생 (구문독해 Basic) 1~2					
									구문독해 204 1~2 (개정판)			
									고난도 구문독해 500			
							그래머 캡처 1~2					
							[특급 단기 특강] 어법어휘 모의고사					

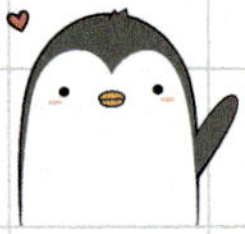

	초1	초2	초3	초4	초5	초6	중1	중2	중3	고1	고2	고3
Writing					공감 영문법+쓰기 1~2							
						도전만점 중등내신 서술형 1~4						
			영어일기 영작패턴 1-A, B · 2-A, B									
				Smart Writing 1~2								
Reading						Reading 101 1~3						
						Reading 공감 1~3						
						This Is Reading Starter 1~3						
							This Is Reading 전면 개정판 1~4					
							원서 술술 읽는 Smart Reading Basic 1~2					
									원서 술술 읽는 Smart Reading 1~2			
									[특급 단기 특강] 구문독해 · 독해유형			
										[앱솔루트 수능대비 영어독해 기출분석] 2019~2021학년도		
Listening							Listening 공감 1~3					
						The Listening 1~4						
						넥서스 중학 영어듣기 모의고사 25회 1~3						
						도전! 만점 중학 영어듣기 모의고사 1~3						
									만점 적중 수능 듣기 모의고사 20회 · 35회			
TEPS						NEW TEPS 입문편 실전 250+ 청해 · 문법 · 독해						
							NEW TEPS 기본편 실전 300+ 청해 · 문법 · 독해					
								NEW TEPS 실력편 실전 400+ 청해 · 문법 · 독해			
								NEW TEPS 마스터편 실전 500+ 청해 · 문법 · 독해			

NEXUS makes your next day

www.nexusEDU.kr
t.02-330-5500 f.02-330-5555
NEXUS Edu

뉴 토플의 중요한 학습 포커스는 논술의 기초 능력 배양입니다.
정보의 요지 파악, 요약 정리 능력이 논술의 기초이기 때문입니다.

- Global understanding을 강조한 정보 정리, 요약 훈련 강조 : text organization, summary, speed reading
- 다양한 테마별 · 수사학적 지문 구조 분석 강조
- 어휘력 확장, 나선형 · 반복형 학습 장치 강조

	Starter	Level 1	Level 2	Level 3	
Reading	Vocab Workbook Starter	Vocab Workbook 1	Vocab Workbook 2	Vocab Workbook 3	iBT TOEFL 실전모의고사 1 (LC / RC)
Listening	Starter	Level 1	Level 2	Level 3	
	Vocab Workbook Starter	Vocab Workbook 1	Vocab Workbook 2	Vocab Workbook 3	
Writing		Starter	Level 1	Level 2	
Speaking		Starter	Level 1	Level 2	

※ MP3 유료다운로드

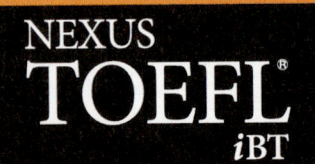

Reading Starter – 16,500원
Reading Level 1 – 13,800원(CD 1개 포함)
Reading Level 2 – 14,000원
Reading Level 3 – 15,000원

Reading Starter Workbook – 3,500원
Reading Level 1 Workbook – 4,000원
Reading Level 2 Workbook – 4,000원
Reading Level 3 Workbook – 4,000원

Listening Starter – 13,000원
Listening Level 1 – 13,800원
Listening Level 2 – 13,500원
Listening Level 3 – 13,800원

Listening Starter Workbook – 3,000원
Listening Level 1 Workbook – 3,000원
Listening Level 2 Workbook – 3,000원
Listening Level 3 Workbook – 3,000원

Writing Starter – 13,800원(CD 1개 포함)
Writing Level 1 – 14,500원(CD 1개 포함)
Writing Level 2 – 14,500원(CD 1개 포함)

Speaking Starter – 13,500원(CD 1개 포함)
Speaking Level 1 – 15,000원(CD 2개 포함)
Speaking Level 2 – 15,000원(CD 2개 포함)